W0053992

Marie-Sophie Maasburg
GERNE UNBEQUEM

Marie-Sophie Maasburg

Gerne unbequem

Das Glaubenszeugnis des Fürstenpaares Castell

francke

Über die Autorin:
Marie-Sophie Maasburg hat in Wien und Salzburg Geschichte studiert und sich ab 2008 voll dem Schreiben gewidmet. Unter ihrem Mädchennamen Lobkowicz hat sie sechs Bücher veröffentlicht, unter anderem ihr erstes Werk „Ich werde da sein, wenn du stirbst", das zum Bestseller wurde. Sie ist verheiratet und Mutter von zwei Söhnen.

Bibliografische Information Der Deutschen Bibliothek
Die Deutsche Bibliothek verzeichnet diese Publikation in der Deutschen Nationalbibliografie; detaillierte bibliografische Daten sind im Internet über http://dnb.ddb.de abrufbar.

ISBN 978-3-86827-564-3

© 2016 by Verlag der Francke-Buchhandlung GmbH
35037 Marburg an der Lahn
Umschlagfoto: © Karl Graf zu Castell-Rüdenhausen
Bildteil S. 1-5: mit freundlicher Genehmigung von
T. Hein und E. Koslowski, Präsenz Medien & Verlag
Umschlaggestaltung: Verlag der Francke-Buchhandlung GmbH /
Christian Heinritz
Satz: Verlag der Francke-Buchhandlung GmbH
Printed in Czech Republic

www.francke-buch.de

Inhalt

Zum Geleit

Das vorliegende Buch ist ein Lebenszeugnis, ein Glaubenszeugnis, ein Zeugnis dafür, wie Glaube sich ein Leben lang über viele Etappen hin entfalten und fruchtbar werden kann. Durch langjährige persönliche Kontakte mit Albrecht konnte ich – aus gewisser Entfernung – an dieser Entwicklung teilhaben.

Wenn ich jetzt so darüber nachdenke, dann ist es nicht so sehr das Inhaltliche, nicht so sehr die Glaubensinhalte und Glaubenserfahrungen, um die es hier geht, sondern es ist die Dynamik des Glaubens selbst, die mich hier besonders beeindruckt, die Dynamik des Suchens und Findens oder besser: des immer neuen Gefunden-Werdens vom Herrn persönlich. Und am meisten erstaunt mich, dass diese Dynamik bis ins hohe Alter anhält, in immer neuen Schüben von Gnade und Geführt-Werden. Dieses Buch ist ein Zeugnis dafür, dass Glaube im Alter nicht mit den anderen Kräften des Leibes und Geistes verdunsten oder verknöchern muss, sondern weiter wachsen und Frucht bringen kann.

Das erinnert mich an den Schluss von Psalm 92, den ich so sehr liebe:

Die gepflanzt sind im Hause des HERRN,
werden in den Vorhöfen unseres Gottes grünen.
Und wenn sie auch alt werden,
werden sie dennoch blühen, fruchtbar und frisch sein,
dass sie verkündigen, wie der HERR es recht macht;
er ist mein Fels, und kein Unrecht ist an ihm.

Wir Alten – ich schließe mich hier bewusst mit ein – müssen nicht mehr viel predigen und belehren und alles viel besser wissen. Schlicht gelebter und immer noch grünender Glaube bis ins hohe Alter ist überzeugender als viele „richtige" Predigten und Katechismen. Das Leben ist Verkündigung – auch wenn allmählich die Taten und Worte verstummen.

P. Fidelis Ruppert OSB
1982 – 2006 Abt von Münsterschwarzach

Seit nunmehr über 40 Jahren habe ich die Ehre und Freude, Fürst Albrecht und Fürstin Marie-Louise zu Castell-Castell zu kennen und sie mittlerweile Freunde nennen zu dürfen.

Der Vertrauensvorschuss und der Einsatz von Fürst Albrecht hat meinen politischen Werdegang erst ermöglicht und meinen Weg begleitet.

Er ist mir Mentor und Vorbild und hat mir viel Hilfestellung und ehrliche Ratschläge gegeben.

Für seine zutiefst christlich geprägten Überzeugungen hat er stets gekämpft, auch wenn sie in der Tagespolitik nicht immer umzusetzen waren.

Die Gabe, Kompromisse anzuerkennen, ohne seine Überzeugung zu verlieren, zeichnet ihn aus.

Der Einsatz des Fürstenpaares Marie-Louise und Albrecht für die Aussöhnung und die Bitte um Vergebung für die Verbrechen an den Juden durch das Nazi-Regime haben viele Gräben zugeschüttet. Diese Arbeit war auch für mich eine Herzensangelegenheit.

Das Buch von Marie-Sophie Maasburg zeigt sehr eindrucksvoll, wie ein Leben aus christlicher Überzeugung gerade auch in unserer Zeit Vorbild sein kann.

Michael Glos
Bundesminister für Wirtschaft und Technologie a. D.
Im November 2015

Die ersten Christen wurden Menschen genannt, die „unterwegs sind". Aber was bedeutet das für Marie-Louise und Albrecht Castell, Mitglieder alter Adelsgeschlechter, mit Besitz und Verantwortung für viele Mitarbeiter? Der Geist Gottes ist ein guter Pädagoge und er hat sie deswegen auf einen ungewöhnlichen „inneren Wanderweg" geschickt. Der Wandel von einer formalen Kirchenzugehörigkeit zu einer „Lebensübergabe" an Jesus Christus, missionarische Arbeit mit dem Marburger Kreis, die Erfahrung der Charismatischen Erneuerung und einer geistlichen Ökumene, die Freundschaft mit einer evangelischen Kommunität, die Beziehung zur Bewegung messianischer Juden und schließlich die Versöhnungswege zu den Brennpunkten des Unrechts aus der jüngeren deutschen Geschichte – das sind die Stationen, die in diesem Buch beschrieben werden. Und das geschieht auf eine sehr warmherzige Weise, denn Marie-Sophie Maasburg, die Autorin, beschreibt in diesem Buch den Lebensweg ihrer eigenen Großeltern.

Meine eigenen Wege haben die des Fürstenpaares Castell immer wieder gekreuzt und so freue ich mich nicht nur über das Buch, sondern auch über die bereichernde Beziehung zu den darin beschriebenen Menschen.

Siegried Großmann
ehemaliger Präsident des Bundes Evanglisch-Freikirchlicher
Gemeinden (Baptisten) und Autor theologischer Sachbücher.

Anmerkungen eines gläubigen jüdischen Mitmenschen

Wer heutzutage an Gott glaubt, gilt als unbequem, als Spaß-
bremse. Denn Glaube bedeutet zugleich auch Pflicht zum Gehorsam. Die Pflicht, Gott zu lieben und seinen Geboten zu
folgen – auch wenn man spontan das Leben genießen möchte,
statt in die Kirche oder in die Synagoge zu gehen und mit
Ernsthaftigkeit den Herrn der Welten anzubeten und seine
Gebote ohne Wenn und Aber zu befolgen. Denn Gott ist kein
Demokrat, er ist nicht auf unsere Zustimmung angewiesen
und lässt nicht mit sich handeln. Und er verlangt von uns
absoluten Gehorsam.

Diese freiwillige Unterwerfung unter die Ethik des Glaubens erscheint vielen Mensche, die sich als modern dünken,
überholt, also out. Jedem Menschen soll es freigestellt sein,
sein Glück auf seine Weise zu suchen. Doch wenn man auf
die eine, die andere und noch viele andere Arten dem Glück
hinterhergelaufen ist, wird jeder feststellen müssen, dass das
Glück als ein Phantom erscheint, das sich nirgends finden
lässt – so viel Energie man auch in die Jagd nach ihm steckt.
Ja, manchmal erscheint es geradezu verflixt, je mehr und je
heftiger man das Glück verfolgt, desto schneller weicht es von
einem. Das scheint nur auf den ersten Blick absurd.

Denn tatsächlich ist der Mensch – ebenso wie alle anderen Lebewesen – ein Geschöpf Gottes. Der Mensch gar ist
ein Ebenbild Gottes. Das ist keine Phrase und keine Bildbe-
schreibung des Aussehens. Es geht hierbei um mehr, um Entscheidendes: die menschliche Seele. Sie ist von Gott geschaffen und pendelt sich wie ein Kompass stets auf Gott ein. Wir
Menschen haben als Geschenk des Ewigen den freien Willen
bekommen. Wir können tun, was uns gefällt. Doch wenn wir

das tun und dabei Gott vergessen, meldet sich unsere Seele und mahnt uns, zu Gott zurückzukehren und seine Gebote zu achten. Der Mensch soll als Kind Gottes die Gebote seines himmlischen Vaters befolgen. Nur so erreicht er die Einheit mit seiner Seele und mit Gott.

Albrecht und Marie-Louise Castell entstammen alten Adelsgeschlechtern. Das allein bietet jedoch keine Gewähr, dass man das Richtige tut und Gott gefällig ist. Sie haben wie jeder von uns lange mit sich ringen müssen, um den Weg zu Gott zu finden, um so in Frieden mit sich und ihren Mitmenschen zu leben – und die Pflichten ihres Glaubens zu befolgen. Die wichtigste Glaubenspflicht aber lautet: „Liebe deinen Nächsten wie dich selbst." Das sagt sich leicht, doch in der Wirklichkeit des Lebens ist es die schwerste Glaubensübung. Denn nicht jeder Mitmensch ist einem sympathisch. Manche gefallen uns auf Anhieb nicht. Diese Menschen anzunehmen, sie als Geschöpfe Gottes zu begreifen, also als unsere menschlichen Geschwister anzusehen, ist zuweilen sehr schwer, doch es ist unsere Pflicht und wenn wir es geschafft haben, leben wir in Liebe zu Gott und seinen Geschöpfen.

Ich bin Jude. Als ich zu einer Lesung in Castell weilte, lud mich der Fürst ein, ohne mich zu kennen. Albrecht und Marie-Louise schenkten mir und meiner Frau spontan Zuneigung, Freundschaft und Liebe. Und, was mir besonders wichtig ist, durch die Auseinandersetzung mit Albrechts tiefem christlichen Glauben sah ich mich gezwungen, mir genauer über mein Judentum klar zu werden. Die Begegnung mit diesen Christen hat mein Judentum gefestigt. Selbstverständlich können wir nicht in allen Fragen des Glaubens einig sein. Das ist auch nicht nötig. Stattdessen verstehen wir das Entscheidende, wir sind alle Kinder des gleichen Gottes

der Liebe. Wir sind in unserer geschwisterlichen Glaubens-
liebe vereint.

Albrecht und Marie-Louise haben meiner Frau Elisabeth
und mir geholfen, die Gewissheit dieser Liebe zu Gott und
den Mitmenschen zu spüren und zu stärken. Dafür unseren
herzlichen Dank. Der Weg dahin ist nicht immer bequem,
aber er lohnt sich.

Das vorliegende Büchlein will nicht belehren. Es kann aber
als Begleiter zum Glauben und damit zur Liebe dienen. Das
ist das wertvollste Geschenk. Nehmen wir es an.

Rafael Seligmann, Israel
Israel zwischen Chanukka und Weihnachten 2015

Vorwort

Als ich im März 2007 nach Castell reiste, um Akten für meinen Großvater zu ordnen, wusste ich noch nicht, worauf ich mich einlassen würde. Aber ich hatte ihm während meines Studiums versprochen, diese Arbeit einmal zu übernehmen und mit dem Diplom in der Tasche war Castell so gut wie jeder andere Ort, um auf Jobsuche zu gehen.

In diesen Tagen wurde die Idee geboren, anhand der vielen Unterlagen ein Buch zu schreiben. Ein gleichzeitig spannender und erschreckender Gedanke. Wie schreibt man ein Buch über das Glaubensleben der eigenen Großeltern? Ist man da nicht viel zu sehr involviert, um das objektiv darzustellen? Und der Berg an Material, den ich bereits geordnet hatte, war nur ein Bruchteil der existierenden Unterlagen! War es möglich, alle diese Informationen auf ein paar Seiten darzustellen?

Aber die Idee hat mich auch fasziniert – nicht zuletzt weil es mir die Chance bot, meine Großeltern noch mal ganz neu und intensiv kennenzulernen. Also habe ich mich schließlich darauf eingelassen. Es folgten Monate voller Gespräche, sowohl mit meinen Großeltern als auch mit Menschen, die sie auf Etappen ihres Weges begleitet haben.

Bei der Sichtung der Themengebiete wurde mir schnell klar, dass ich im Rahmen dieses Buches nur der Spur einer kleinen Auswahl an Wegen, die meine Großeltern eingeschlagen haben, würde folgen können. Der Ausgangspunkt war schnell gefunden – ihr Weg zu einem lebendigen Glauben an Jesus Christus beim Marburger Kreis und die Erkenntnis, dass Vergebung und Versöhnung eine entscheidende Rolle spielen – egal in welcher Beziehung. Diese grundlegende Änderung in ihrem Leben hat sie viele verschiedene Richtungen einschlagen lassen. Ihr wachsendes Interesse an Israel und dem jüdischen Volk, verbunden mit den Erfahrungen der Versöhnungswege 1995, führte sie schließlich an den Punkt, an dem sie heute angelangt sind.

Das Ziel eines jeden Christen sollte es sein, die Einheit der Gemeinde Jesu wiederherzustellen. Der Weg meiner Großeltern hat ihnen persönlich die Sicht dafür geöffnet, dass es berechtigte Hoffnung auf Einheit gibt – dazu müssen aber alle, die an Jesus glauben, zusammenkommen. Nicht zuletzt die Juden – die messianischen Juden, die Jesus als ihren Messias erkannt haben.

Der Versuch einer Rückschau muss Stückwerk bleiben und kann nicht als vollendet betrachtet werden – zu vieles geschah und geschieht noch in dem langen Leben meiner Großeltern, als dass man hier alles beschreiben könnte. So gibt es mehrere Themen und auch Menschen, die nicht erwähnt werden konnten. Einige sollen hier aber kurz genannt werden, da sie eine wichtige Rolle auf dem geistlichen Weg meiner Großeltern gespielt haben: Mit der jüdischen Gemeinde in Würzburg sind sie seit Längerem freundschaftlich verbunden und mein Großvater hat bei Planung und Bau des Gemeindezentrums „Shalom Europa" mitgewirkt.

Mit den Benediktinermönchen in Münsterschwarzach pflegen meine Großeltern eine langjährige Freundschaft, die auch häufig seelsorgerliche Hilfe beinhaltet. Zudem begleiten sie mit großem Interesse die weltumspannende Jugend-Gebetsbewegung PrayNet, die dort ihre Zentrale hat.

Ebenfalls gute Freunde sind das Ehepaar Schaube aus Neufrankenroda, Gründer der Familienkommunität Siloah, deren Jugendarbeit weite Kreise zieht.

Das Pfarrerehepaar Piehler liegt meinen Großeltern sehr am Herzen – langjährige Freunde aus Leipzig, mit denen sie eine tiefe Verbundenheit im Glauben empfinden.

In diesem Buch kann nicht ausführlich auf alle Versöhnungsbegegnungen im Leben meiner Großeltern eingegangen werden: mit Juden, Sinti und Roma, Katholiken, Mitarbeitern, Menschen aus dem Dorf und Mitgliedern der Familie. Es konnte und sollte keine Aufzählung des Gewesenen werden, sondern schlaglichtartig Wendepunkte auf ihrem Weg mit Gott ausleuchten. Ein Weg, der nicht abgeschlossen ist, sondern auf dem beide ganz bewusst weitergehen. Es geht auch um manche begonnene Wege, vor allem in der eigenen Familie, die vielleicht noch zu Ende gegangen werden dürfen. Es kann nur ein Anfang sein, denn der Prozess der Versöhnung und Vergebung kann nie abgeschlossen werden, solange wir leben. Bei allem Streben bleibt die Erkenntnis, dass unsere menschlichen Bemühungen eben oft Stückwerk bleiben.

Als wir für die überarbeitete Neuauflage des Buches nach einem Titel suchten, kam mir spontan die Idee, es „Gerne unbequem" zu nennen. Die erste Reaktion meiner Großmutter war: „Wir sind doch nicht *immer* gerne unbequem – vielleicht könnte man es ‚*Manchmal* gerne unbequem' nennen?" Da musste ich lachen, weil doch kein Mensch gerne unbequem sein möchte, aber meine Großeltern sich dennoch durchaus bewusst sind, dass sie in ihrem Leben unbequem gewesen sind.

In diesem Fall finde ich, dass meine Großeltern in ihrem Glaubensleben tatsächlich *gerne* unbequem sind. Weil sie Jesus und immer neuen Erkenntnissen in seinem Reich gefolgt sind, gerne neue Erfahrungen machten und immer noch bereit sind, den Weg mit ihm weiterzugehen. Weil sie jeden Menschen daran teilhaben lassen. Weil sie darüber, was sie als wahr und richtig erkannt haben, nicht schweigen können.

Dieser ganze Weg war und ist nicht bequem. Nicht für meine Großeltern selbst und schon gar nicht für die vielen, die mit ihrem schnellen Tempo in Glaubensfragen einfach nicht mithalten konnten oder wollten. Selbst von Spott und Ablehnung aus dem engsten Umfeld haben sie sich nie abhalten lassen. Weil sie bei ihrer Bekehrung, ihrer Hinwendung zu Gott das Wort Jesu unumstößlich angenommen haben: „Ich bin der Weg, die Wahrheit und das Leben."

Um auf diesem Weg zu bleiben, diese Wahrheit immer tiefer und besser zu erfassen und Leben in Gott zu haben, sind sie unbequem gewesen. Für viele. Und weil die Wahrheit selten bequem ist und uns dennoch frei macht, sind sie es gerne gewesen.

Und sie sind es bis heute: gerne unbequem.

Ich bin ihnen dankbar dafür!

Marie-Sophie Maasburg

Anmerkung:
Um es dem Leser leichter zu machen, nenne ich meine Großeltern im Text bei ihren Vornamen bzw. Großvater und Großmutter. Wenn in Beiträgen meiner Geschwister, Vettern und Cousinen jedoch Omama und Opapa vorkommt – wie wir unsere Großeltern normalerweise nennen – so habe ich das aus Authentizitätsgründen so belassen.

Kapitel 1

Geistliche Strömungen in den Häusern Castell und Waldeck

Von Jesko Graf zu Dohna

Um besser einordnen zu können, auf welcher Tradition und Erfahrung meine Großeltern, Albrecht Fürst zu Castell-Castell und Marie-Louise Fürstin zu Castell-Castell, geborene Prinzessin zu Waldeck und Pyrmont, ihren Weg mit Gott aufbauen konnten, werden zunächst einige Glaubensfragen aus den Familiengeschichten der Häuser Castell und Waldeck erläutert und die Lebensjahre von Albrecht und Marie-Louise bis zu ihrer Heirat kurz skizziert.

Adel und Kirche sind im frühen Mittelalter im ganzen christlichen Europa eine enge Verbindung eingegangen. Bischöfe und Priester, Äbte, Äbtissinnen, Nonnen und Mönche stammten fast ausschließlich aus dem Adel. So finden wir auch bei den Grafen Castell schon seit ihrem ersten Auftreten im 11. Jahrhundert eine enge Verbindung zu Bistümern und ihren Domkapiteln (u.a. Würzburg und Bamberg), Klöstern (u.a. Ebrach und Münsterschwarzach) sowie zu zahlreichen Pfarreien. 1282 ließ Graf Hermann Castell eine seiner wichtigsten Burgen in ein Karmeliterkloster, das künftig zugleich Grablege der Familie wurde, umfunktionieren. An Schenkungen und Stiftungen für Klöster und Pfarreien waren nicht selten regelmäßige Seelenmessen geknüpft, also die Verpflichtung, für die verstorbenen Stifter zu beten. Doch geistliche Institutionen wie Domkapitel und Klöster dienten auch der standesgemäßen Versorgung von Familienmitgliedern. Deshalb lebten bis zur Reformation immer wieder Angehörige der Familie als geistliche Ritter, Domherren, Äbtissinnen und Nonnen.

Einen Bischof hat das Haus Castell wohl nie hervorgebracht, was vermutlich auch daran lag, dass die Familie mehrfach auszusterben drohte. Es gibt keine persönlichen schriftlichen Glaubenszeugnisse aus dem Mittelalter, doch sprechen die kirchlichen Bauwerke und Epitaphien zur Ehre Gottes – freilich auch zum Ruhm des Hauses – eine eigene Sprache und setzen ein deutliches Bekenntnis zum christlichen Glauben.

Mit dem Beginn der Reformation zeigten sich die zerstrittenen Brüder Johann und Wolfgang auch konfessionell gespalten. Graf Johann, markgräflicher Amtmann in Kitzingen, war schon früh der evangelisch-lutherischen Lehre zugeneigt, während sein Bruder Wolfgang, Rat und Amtmann des Bischofs von Würzburg, bis zu seinem Tod 1546 am katholischen Glauben festhielt. Seine Söhne Georg, Heinrich und Konrad traten jedoch alle zum evangelischen Bekenntnis über und leiteten damit auch zwischen 1546 und 1559 die Reformation in den rund 20 Pfarreien der Grafschaft Castell ein. Auch wenn die Reformation von dem Tübinger Theologen Jacob Andreae, dem Vater der Konkordienformel, begleitet wurde, so ist es doch bemerkenswert, dass auch die drei regierenden Grafen sich gründliche theologische Kenntnisse erwarben. Viele der dickleibigen Bibelkommentare und theologischen Werke der Schlossbibliotheken in Castell und Rüdenhausen tragen handschriftliche Vermerke und Unterstreichungen ihrer Besitzer, was auf eine intensive Beschäftigung mit deren Inhalten schließen lässt. Das reformatorische Bekenntnis wurde von ihren Frauen mitgetragen und sogar besonders gefördert, wie die Stiftung Gräfin Elisabeths, geb. Gräfin von Helfenstein, zur Hebung der Pfarreinkünfte in sechs Castell'schen Pfarreien verdeutlicht. Als Graf Konrad sich noch zu Lebzeiten seines Vaters dem evangelischen Glauben zuwandte, sandte ihm der Würzburger Bischof einige lateinische und deutsche Bücher nach Castell, um den Übertritt womöglich noch zu verhindern, verbunden mit der Hoffnung, seine Frau, Gräfin Elisabeth geb. Markgräfin von Baden, werde die Bücher sorgfältig lesen. Da hatte er jedoch die Interessen des Grafen Konrad falsch eingeschätzt, denn *„Religion war ihm Herzensangelegenheit, den größten Genuss fand er im Umgang mit gelehrten Theologen"* (August Sperl). Das gleiche Urteil könnte man auch über seine Brüder Heinrich und Georg abgeben. Für die Erziehung seiner Kinder erließ Graf Georg detaillierte Instruktionen: tägliches Gebet, Andacht und ein streng evangelisch-lutherischer Glaube waren dabei wichtige Erziehungsziele. In seinem Testament ermahnte er seine Nachfahren, am evangelischen Glauben festzuhalten: *„Demnach der wolgeborne unser freundlicher lieber Bruder Graf Heinrich und wir uns die Zeit unserer Regierung zu der Augsburgischen Konfession und dann der darauf erfolgten christlichen Erklärung und Wiederholung in dem Konkordibuch bekannt und das gemelt Konkordibuch unterschrieben, folgends die christliche württembergische Kirchenordnung in unserer Grafschaft Kirchen aufgerichtet haben, bei welcher christlicher Religion dann beide unsere Söhne und Erben bis daher erzogen, also wollen wir uns zu ihnen unseren Söhnen väterlich versehen, sie werden bei solcher christlicher Religion durch Beistand des heiligen Geistes bis in ihre Gruben nit allein verharren, auch ihre Kinder, da ihnen der allmächtige Gott deren geben sollte, in solcher Religion auferziehen, sondern wir befehlen ihnen auch hiemit aus väterlicher Autorität, daß sie die Unterthane in der Grafschaft bei obbemelter christlicher Religion bleiben lassen, darinnen nichts ändern, auch keinen Kirchendiener oder Pfarrer in der Grafschaft annehmen wollen, er bekenne sich dann zu mehrgedachter Augsburgischer Konfession, Konkordibuch und aufgerichteter Kirchenordnung."*

Unter den fränkischen Grafen und Herren gehörten die Grafen Castell nicht, wie z.B. die Grafen von Wertheim oder von Schwarzenberg, zur ersten Generation derjenigen, die in ihrer Herrschaft die neue Lehre einführten. Nach zögerlichen Anfängen, dann mit der Rückendeckung des Augsburger Religionsfriedens (1555) und der Unterschrift unter die **Augsburger Konfession** wurde bis 1559 in der ganzen Grafschaft eine Pfarrei nach der anderen mit evangelischen Pfarrern besetzt. Mit Einführung der Reformation waren die Grafen Castell nach dem evangelischen Kirchenregiment auch Summus Episcopus (oberster Bischof) ihrer kleinen Landeskirche geworden. Nicht mehr die Bischöfe in Würzburg und Bamberg, sondern zwei Konsistorien in Castell und Rüdenhausen regelten die geistlichen und schulischen Angelegenheiten in den zur Grafschaft gehörigen Pfarreien. Dort, wo die Grafen Castell kein Patronatsrecht hatten, konnten sie in der Regel durch die Landesherrschaft über die Gemeinden die neue Lehre durchsetzen. Damit kontrollierte man nicht nur die Einsetzung der jeweiligen Pfarrer und Lehrer, führte Visitationen durch, übte Aufsicht über die Kirchengüter, sondern hatte als Patronatsherr auch Recht auf einen besonderen Sitz und Begräbnis in der Kirche, Trauergeläut, Fürbitte und andere Vorrechte.

Die Kirchenpatronate wurden erst 1969 aufgehoben. Damit erlosch auch die besondere Fürbitte der Pfarrer für den Kirchenpatron und seine Familie, die jeden Sonntag in allen Patronatspfarreien gebetet wurde. Bis heute sitzt Fürst Albrecht in der Casteller Grafschaftskirche St. Johannis in seinem Patronats-Stand, einer Loge auf Höhe der Kanzel, in der früher die ganze Großfamilie Platz fand. Heute würdigt man in der Kirchenleitung das Mitwirken der Patronatsherren mittlerweile wieder positiver. Der bayerische Landesbischof i.R. Dr.

Johannes Friedrich hat im Jahr 2007 die noch aktiven Inhaber von Patronatsrechten zu einem Essen eingeladen, um ihnen für die Wahrnehmung dieser für die Kirche wieder als wichtig erkannten Aufgabe zu danken.

> **Augsburger Konfession**
> Die Confessio Augustana ist ein grundlegendes Bekenntnis der lutherischen Reichsstände zu ihrem Glauben. Die Confessio Augustana wurde auf dem Reichstag zu Augsburg 1530 Kaiser Karl V. von der lutherischen Reformation dargelegt. Sie gehört auch heute noch zu den verbindlichen Bekenntnisschriften der lutherischen Kirchen.

* * *

In der Familie wird heute die Beziehung zu Zinzendorf, einem lutherisch-pietistischen Theologen, Gründer und Bischof der Herrnhuter Brüdergemeine und Dichter zahlreicher Kirchenlieder, und seinem geistlichen Erbe besonders gepflegt. 1720 besuchte der 20-jährige Nikolaus Ludwig Graf von Zinzendorf seine verwitwete Tante Dorothea Renata, die als regierende Gräfin und erste Hausfrau im neuen Schloss in Castell residierte. Nachdem er sich bei seinem vierteljährigen Aufenthalt in seine Cousine Sophie Theodore verliebt hatte, reiste er nach Sachsen zurück, um das Einverständnis für die Eheschließung einzuholen. Auf dem Rückweg kehrte er bei seinem Freund Graf Heinrich XXIX. Reuß in Ebersdorf ein. Hier erfuhr er, dass dieser ebenfalls Sophie Theodore heiraten wollte. Gemeinsam fuhren sie nach Castell, um die Entscheidung der jungen Gräfin als göttlichen Willen anzuerkennen. Sophie Theodore entschied sich für Heinrich XXIX., der sie gutwillig, aber noch nicht „recht erweckt" fand. Eine ähnliche Einschätzung hatte bereits zuvor der Ebersdorfer Hofmeister, Ulrich Bogislaus von Bonin, an Graf Heinrichs Mutter über die geistlichen Verhältnisse im Schloss Castell geschrieben: *„Von einem wahren Christenthum ist wenig zu spühren."* Die Verlobung fand 1721 im Schloss Castell statt. Zinzendorf hielt den Hausgottesdienst. *„Habe ich Euer Gnaden Schwiegersohn nicht seyn können, so sind doch Sie meine hertzliebe Mama, und können aus meiner Liebe nicht gerißen werden"*, schrieb er noch vier Jahre später aus Sachsen an seine Tante. Zeitlebens gelang es ihm aber wohl nicht, seine Tante von seiner besonderen „erweckten" Glaubenspraxis zu überzeugen.

In einem Brief vom 9. Januar 1736 schreibt er ihr als *„unterthänig treugehorsamer Sohn und Knecht"*: *„Erbarmen Sie sich über mich, der ich um ihrer Seele willen so viele Jahre voll Angst und Jammers bin und derhalben schon 3 Reisen gethan, aber noch nie an ihr Herz kommen können. Erbarmen Sie sich über sich selbst, damit sie nicht um den Heiland kommen und bitten den Herrn, daß er Sie in Zeiten richte, ehe Er Ihr Richter wird, so kan er in den Ewigkeiten ihr wolgewogner Fürst seyn. Es ist wahr, gnädige Mama, die guten Seelen haben Sie nicht recht tractiret, der Herr wird sie schon erinnert und darüber bestrafet haben, daß sie Ihnen nicht allemal begegnet wie sie gesollt. Wollen Sie aber aus Verdrus gegen andere den Heiland mißen, wollen Sie wider Gefühl und Gewissen sich länger härten? Wollen Sie noch länger warten, sich zu Jesu Füßen zu werffen, als 66 Jahr? Nein, gnädige Mama heüte da sie das lesen, fallen Sie mit 1.000 Thränen vor ihn nieder, und sagen Ihm: Herr Jesu erbarme dich über eine Seele, die du schon einmal kräftig gezogen hast, und die dir* *aus Faulheit, Schuzgeist, und Standeshoheit wieder untreu geworden! Laß mich mit völliger Überzeügung aller meiner Sünden und mit einem Liebesschmerz und mit einem Hunger und Durst nach der Gnade, aus dieser Zeit scheiden oder dir gar noch was nuze werden in dieser Welt. Ich will Euer Gnaden beten helffen und der barmherzige König wird uns erhören."*

So erfolglos er bei seiner Tante blieb, umso mehr Einfluss konnte er auf seinem sieben Jahre jüngeren Vetter Ludwig Friedrich, genannt Lutz, ausüben. Nach mehreren gemeinsamen Reisen und Besuchen in Herrnhut entschloss sich Graf Lutz, in Rehweiler ein pietistisches Gemeinwesen nach dem Vorbild von Herrnhut zu gründen. Es entstanden ab 1735 ein Waisenhaus, die sogenannte „Schlössleinkolonie" und eine Saalkirche, die jedoch erst nach seinem Tod fertiggestellt werden konnte. Zinzendorf hat die kleine „Gemeine" mehrfach besucht und unterstützt. Im August 1736 kam es jedoch zu einem Zerwürfnis zwischen den beiden Vettern, das zeitlebens nie mehr geheilt werden konnte. Graf Lutz heiratete 1744 die Gräfin Ferdinande Adriane zu Stolberg-Wernigerode, eine im hallischen **Pietismus** erzogene Frau, die durch ihre hebräischen und griechischen Sprachkenntnisse auch alt- und neutestamentliche Texte im Original lesen konnte. Durch seine Eheverbindung ist die Distanz zu Herrnhut und seine Annäherung an den hallischen und württembergischen Pietismus noch verstärkt worden. Die Gemeinde in Rehweiler hat sich seit den 1740er-Jahren nach und nach wieder aufgelöst, aber noch heute ist in Rehweiler und seinem Umland ein besonders frommer Geist zu spüren. Gräfin Ferdinande Adriane lebte nach dem Tod ihres Mannes in Burghaslach, wo sie engen Kontakt zu dem Pfarrer Christian Friedrich Buchrucker pflegte, der als ein Wegbereiter der fränkischen Erweckung im 19. Jahrhundert gilt.

Enge Verbindung hatte Graf Lutz auch mit seiner Nichte, der Gräfin Christiane zu Castell-Remlingen, der später vermählten Gräfin zu Stolberg-Stolberg, Mutter des bekannten Dichterpaares und Freundin Klopstocks. Gegen den Willen ihrer Eltern korrespondierte sie schon als junges Mädchen heimlich mit ihrem pietistischen Onkel, der sie auf ihrem Weg zu einem lebendigen Christentum bestärkte.

Pietismus
Der Pietismus ist nach der Reformation die wichtigste Reformbewegung im deutschen Protestantismus. Er ist eine Bibel-, Laien- und Heiligungsbewegung. Er betont die subjektive Seite des Glaubens, entwickelte aber auch einen starken missionarischen und sozialen Grundzug. In der pietistischen Praxis haben Hauskreise mit gemeinsamem Bibelstudium und Gebet oft größere Bedeutung als Gottesdienste.

Ende des 18. Jahrhunderts wurde die Grafschaft unter dem Regierungsdirektor Zwanziger von betont aufgeklärten Beamten regiert. Ergebnisse waren der Neubau der evangelischen Kirche, die Einführung eines eigenen Gesangbuches, die Gründung eines Gymnasiums sowie einer dazugehörigen öffentlichen Bibliothek. Über die Glaubenspraxis im Schloss Castell ist aus dieser Zeit wenig bekannt.

Aus Beicht-Tagebüchern, Briefen und Berichten der folgenden Generationen wissen wir aber, dass im Schloss Castell ein gottesfürchtiger, strenger und zugleich herzlicher Geist herrschte. In dem 1861 erlassenen Hausgesetz wurde festgelegt, *„dass zur Succession in den Stammgutsbesitz des Gräflichen Hauses Niemand berechtigt sein soll, der nicht der evangelisch-protestantischen Kirche angehört, so lange noch ein dieser Kirche zugethaner Agnat vorhanden ist."*

Mehrere Familienmitglieder engagierten sich bei dem 1850 zwischen Castell und Rüdenhausen gegründeten *Rettungshaus Trautberg* zur Erziehung armer und sittlich verwahrloster Kinder, das nach dem Vorbild des Rauhen Hauses Johann Hinrich Wicherns in einem ehemaligen Castell'schen Schafhof gegründet worden war. Hier war man seit dem 18. Jahrhundert in ein überregionales Netzwerk des frommen hohen Adels, das immer wieder besondere geistliche Früchte hervorbrachte, eingebunden. Die Gründung der „Kinderbewahranstalten" (Kindergärten) in Castell und Rüdenhausen durch gräfliche beziehungsweise fürstliche Stiftungen war ebenfalls ein Ergebnis dieses praktisch gelebten Christentums. Eine tägliche Andacht und die Lesung der **Losungen** mit der ganzen Familie und allen Hausangestellten gehörte zum selbstverständlichen Tagesrhythmus. Graf Carl zu Castell-Castell, der Urgroßvater des Fürsten Albrecht, pflegte am Sonntag die Predigt mitzuschreiben und seine Kinder später über das Gehörte abzufragen. Mit den meisten Pfarrern in Castell, aber auch mit manchen anderen Patronatspfarrern und ihren Familien herrschte ein herzliches und enges Verhältnis, das meistens auch noch nach dem Weggang der Pfarrersfamilien über Jahrzehnte in einem intensiven Briefwechsel gepflegt wurde. Predigten bei Taufen, Konfirmationen und Beerdigungen, aber auch Beschreibungen der letzten Lebenswochen von Verstorbenen als christliche Vorbilder wurden in zahlreichen Abschriften in der Großfamilie verbreitet. Das Gehörte und Gelesene vertiefte man in regelmäßigen Bibelkreisen. Daran hatten besonders auch die Frauen Anteil. Neben den nach Castell einheiratenden Frauen aus den Häusern Hohenlohe, Solms und Stolberg waren dies auch die vier unverheirateten Töchter des Grafen Carl und der Gräfin Emma, die seit Ende des 19. Jahrhunderts im Casteller Schlösschen wohnten.

Losungen

Die Losungen enthalten für jeden Tag ein Wort aus dem Alten und aus dem Neuen Testament, sowie einen Liedvers oder ein Gebet, ohne jede weitere Auslegung. Am 3. Mai 1728 wurde in Herrnhut zum ersten Mal eine „Losung" für den nächsten Tag in die 32 Häuser des Ortes getragen. Aus diesem Anfang entstand 1731 das erste Losungsbuch. Bis heute werden die Losungen von der Herrnhuter Brüdergemeine, einer evangelischen Freikirche, zusammengestellt.

Nach dem Tod der letzten Familienangehörigen Gräfin Agnes im Jahre 1938 wurde das Schlösschen an die Pfarrersfamilie Haffner vermietet. So wurde dieser gesegnete Ort während des Krieges ein Treffpunkt für die verbotenen christlichen Pfadfinderinnen. Auf dem benachbarten Familienfriedhof versammelten sich die jungen Frauen, um ihre Gelübde abzulegen, woran noch heute eine Bronzetafel erinnert: *In der Osternacht 1942 bekannten sich hier trotz Verbot sieben junge Mädchen zum Einsatz für Christus und die deutsche Jugend. Daraus wuchs der Bund christlicher Pfadfinderinnen und aus seinen Reihen durch Gottes*

Ruf die evangelische Communität Casteller Ring." Nachdem es für die später von ihnen gegründete Hauswirtschaftsschule zu eng wurde, zogen die frommen Frauen auf den Schwanberg um, wo sie immer noch segensreich ins Land hineinwirken. Das Schlösschen ist heute Wohnsitz des Fürsten Albrecht und seiner Frau Marie-Louise.

Auch im 20. Jahrhundert konnte die Kirche auf das Haus Castell zählen. Die Patronatsherren hatten für die meisten Castell'schen Patronatskirchen keine Baulastverpflichtungen, dennoch wurden für reparaturbedürftige Kirchengebäude stets Zuschüsse gewährt. Fürst Carl und Fürstin Anna Agnes stifteten 1925 der Kirche in Castell einen neuen Taufstein. Erster Täufling war ihr zweitgeborener Sohn Albrecht.

Über das Verhältnis des Fürsten Carl zu Glaube und Kirche sind nur bruchstückhafte Quellen vorhanden. Als Patronatsherr von sieben Patronatspfarreien der Linie Castell-Castell und später weiteren neun Senioratspfarreien hat er seine Pflichten immer erfüllt. Obwohl er den neuen Machthabern nach 1933 durchaus positiv gegenüberstand, protestierte er im Oktober 1934 mit anderen Standesgenossen gegen die Amtsenthebung des Landesbischofs von Bayern, Hans Meiser, durch die Nationalsozialisten.

Seine Frau Anna-Agnes, geb. Prinzessin zu Solms-Hohensolms-Lich, brachte die Tradition der Adventssprüche und Passionsandachten mit nach Castell, wie sie seit Langem in den Häusern Reuß und Stolberg üblich waren und bis heute praktiziert werden. Mit dem ersten Advent beginnend werden bei der täglichen Adventsandacht prophetische Verse aus dem Alten Testament von Karten, die an den 24 Adventskerzen hängen, abgelesen oder auswendig aufgesagt.

Zu Weihnachten 2005 wurden diese Adventsspruchkarten von Fürstin Marie-Louise nachgedruckt und großzügig an Freunde und Verwandte verschenkt. Ihre älteste Enkeltochter Christina erzählt von dieser Tradition, die sie wiederum in ihre Familie getragen hat: *„Dabei werden Sprüche aus dem Alten Testament, die in der Erwartung des Gottessohns formuliert sind, vorgetragen und an einen großen Adventskranz gehängt. Davor und danach werden Adventslieder gesungen und gebetet. Ich durfte damals als Älteste den ersten Spruch von unserer Urgroßmutter übernehmen und auswendig aufsagen: ‚Machet die Tore weit und Türen in der Welt hoch, damit der König der Ehren einziehe. Wer ist derselbe König der Ehren? Es ist der Herr, stark und mächtig, der Herr, mächtig im Streit.‘ War ich stolz und geehrt darüber! Bis heute. So wird diese Tradition weitergetragen. Omama hat uns diese Adventssprüche vervielfältigt und zur Verfügung gestellt, sodass wir in unseren Familien damit fortfahren können. Unsere Buben machen mit Begeisterung mit und genießen diesen besonderen Bestandteil der Adventszeit. Was gibt es Schöneres, als dass wir Traditionen weitergeben, die mit einer lebendigen Erwartung auf unseren Herrn Jesus Christus gelebt werden!“*

Die Mutter von Fürstin Anna-Agnes, die Fürstin Emma zu Solms-Hohensolms-Lich, die sehr oft in Castell zu Gast war, dichtete und komponierte auch geistliche Lieder, die im Familienkreis häufig gesungen werden.

In dieser christlichen Tradition wuchsen die Kinder Philipp, Albrecht, Jutta, Elisabeth, Angelika und Christiana auf. Tägliches Tisch- und Abendgebet und der sonntägliche Gottesdienstbesuch gehörten selbstverständlich zum Familienleben dazu. Taufen, Konfirmationen und natürlich die Hochzeiten waren Höhepunkte und festlich gestaltete Familienfeiern.

Als Albrecht 1943 Soldat wurde, führte er stets das von seiner Mutter geschenkte Neue Testament mit sich. Darin hat er einen Vers im 91. Psalm unterstrichen: *„Wenn auch tausend fallen zu deiner Seite und zehntausend zu deiner Rechten, so wird es doch dich nicht treffen."* Diese Zusage hat er persönlich verstanden, sie hat ihn immer begleitet und ihm Halt gegeben.

Als sein älterer Bruder Philipp und sein Vater Carl im Krieg fielen, wurde der damals kaum zwanzigjährige Graf Albrecht selbst Fürst und Familienchef. Das war für den jungen Mann, der nicht darauf vorbereitet worden war, den alten Familienbesitz mit Forst- und Landwirtschaft, dem Weingut und der Fürstlich Castell'schen Bank zu übernehmen, eine große unternehmerische Herausforderung. Neben der Verantwortung für die Angestellten und die Familie übernahm er nun auch mit allen Pflichten und Rechten das Patronat über die Castell'schen Patronatspfarreien.

1950 verlobte er sich in Arolsen mit Marie-Louise Prinzessin zu Waldeck und Pyrmont. Sie stammt ebenfalls aus einem alten Dynastengeschlecht, das noch bis 1918 zu den regierenden deutschen Bundesfürsten gehörte.

Auch die Grafen zu Waldeck waren vom Beginn ihres Wirkens an eng mit der christlichen Kirche verbunden. In der Grafschaft Waldeck gab es am Ende des Mittelalters allein elf Klöster der Benediktiner(innen), Augustiner, Augustiner-Chorfrauen, Franziskaner, Zisterzienserinnen sowie eine Johanniter-Kommende.

Mit dem Aufkommen der protestantischen Reform wurden diese nach und nach alle aufgehoben und ihre Güter verstaatlicht. Bei der Einführung der Reformation gehörten die Grafen zu Waldeck zur ersten Generation, die den Konfessionswechsel durchsetzte. Der junge Graf Philip IV. zu Waldeck erlebte Martin Luther auf dem Wormser Reichstag 1521 und war von dessen Auftreten und Lehren tief beeindruckt. Hier traf er auch mit der ebenfalls evangelisch gesonnenen Gräfin Margarethe von Ostfriesland zusammen, mit der er sich sogleich verlobte und die er zwei Jahre später heiratete. Sie wurde die erste evangelische Landesmutter des Waldecker Landes. Anders als in den größeren Städten begann die Reformation hier nicht als Volksbewegung, sondern ging zunächst von den regierenden Grafen aus. Johann Hefentreger (Trygophorus) war seit 1526 der führende Pfarrer, der die Grafen Waldeck geistlich und organisatorisch beriet. So setzten sie 1530 als Teilnehmer am Augsburger Reichstag auch ihre Unterschrift unter das Augsburger Bekenntnis (Confessio Augustana) und gehörten zu den Gründungsmitgliedern des **Schmalkaldischen Bundes.**

Schmalkaldischer Bund

Der Schmalkaldische Bund war ein am 27. Februar 1531 in Schmalkalden geschlossenes Verteidigungsbündnis protestantischer Fürsten und Städte unter Führung von Kursachsen und Hessen gegen die Religionspolitik von Kaiser Karl V.

Ein bewegendes Zeugnis seines Glaubens ist das Tagebuch des Grafen Wolrad über seine Reise zum Augsburger Reichstag

1548. Neben der ausführlichen Schilderung der Ereignisse ist es immer wieder von persönlichen, freien Gebeten durchzogen.

Das auf dem Reichstag beschlossene Interim unterbrach auch in der Grafschaft Waldeck den Fortgang der Reformation. Mit dem Augsburger Religionsfrieden 1555 wurde das evangelische Bekenntnis aber endgültig auch reichsrechtlich dem katholischen Glauben gleichgestellt. Schon ein Jahr später konnte die erste Waldeckische Kirchenordnung verkündet werden.

Trotz heftiger Anfeindungen der katholischen Nachbarstaaten gelang es, die Reformation in der kleinen Grafschaft und im Hause Waldeck zu festigen. Einige Jahrzehnte nach dem Dreißigjährigen Krieg, der auch für die Grafschaft Waldeck verheerend war, holte man auch hier pietistische Prediger ins Land, baute ein Waisenhaus, ein Hospital und ein Predigerseminar. Doch machten die *„Schaakischen Händel"* (1702–1705) dieser Entwicklung ein baldiges Ende. Ein Streit im Damenstift Schaaken, in dessen Zentrum der radikal-pietistische Informator Johann Juncker stand, eskalierte und führte zum Ausscheiden der dem hallischen Pietismus zugeneigten Pfarrer. Fürst Friedrich Anton Ulrich zu Waldeck unterzeichnete 1711 das Edikt „Contra Fanaticos et Pietistas", womit die lutherische Orthodoxie wieder festgeschrieben wurde und in Zukunft *„keine Visionen, Offenbarungen oder Entzückungen, Träume, Prophetische Regungen, und dergleichen zu achten"* seien.

Ein bewegendes Dokument persönlicher Frömmigkeit sind die Aufzeichnungen über das Sterben und den Tod des Fürsten Carl (1704–1763), verfasst von dessen Seelsorger Johann Franz Christoph Steinmetz. Der eher als Freigeist geltende Fürst bekannte auf dem Totenbett seine Sünden und konnte danach in Frieden sterben: *„Es leuchtete aus allem, was er sagte, auch aus seinen freundlichen und lächelnden Mienen, eine so ganz besondere Glaubensfreudigkeit hervor, daß ich nicht unterlassen konnte, ihn zu fragen: ob er denn gar keinen Zweifel mehr an seiner Seligkeit habe? Nein gewiss keinen, war die Antwort. Aber, versetzte ich, Euer Durchlaucht sind doch ein Sünder. Schrecken Sie denn ihre Sünden nicht? Nicht mehr, sagte er. Gott hat mich selbst zu sich gezogen. Ich habe mich ihm hingegeben. Und ich weiss nun, daß mir um Christi willen alle meine Sünden vergeben sind."*

Wie in anderen deutschen Staaten wurde 1821 im Fürstentum Waldeck-Pyrmont eine Kirchenunion zwischen Lutheranern und Reformierten, die freilich noch lange heftig umstritten bleiben sollte, eingeführt. Zugleich entstand hier auch eine Erweckungsbewegung, die den Geist des kirchlichen Rationalismus zurückdrängte und in den Gemeinden wieder den persönlichen Frömmigkeitsstil erneuerte.

1872 gründete Fürstin Helene das Mädchenwaisenhaus Sophienheim, das nach ihrer verstorbenen Tochter Sophie benannt wurde, und übernahm selbst die Leitung des Hauses. Aus diesen Anfängen wurde 1888 nach dem Vorbild von Kaiserswerth und Bethel das Waldeck'sche Diakonissenhaus Sophienheim. Nach dem Tode der Fürstin Helene führten die Fürstinwitwe Luise und nach ihr die Fürstin Bathildis das sozialkaritative Werk fort.

Die Fürstin Bathildis zu Waldeck und Pyrmont, geborene Prinzessin zu Schaumburg-Lippe, war die Großmutter von

Fürstin Marie-Louise. Diese hat sie als eine innige Beterin in Erinnerung. Sie war auch die Protektorin des Bathildisheims in Arolsen, einer Anstalt zur Betreuung und Förderung behinderter Menschen, die 1912 gegründet wurde und nach wie vor besteht. Die Besuche bei den Behinderten in Begleitung ihrer Großmutter sind Fürstin Marie-Louise noch in lebhafter Erinnerung. Ihre Großmutter war auch der erste Mensch, der mit ihr gebetet und sie im Glauben an die Liebe Gottes ermutigt hat. Fürstin Bathildis las ihren Enkeln gerne kleine fromme Geschichten vor und war traurig, dass sie sonst in der Familie damit wenig Resonanz fand. Sie war eine treue Kirchgängerin, obwohl sie sehr schwerhörig war. Der Propst legte ihr immer die Predigt schriftlich in den Kirchenstand und die las sie dann während des Gottesdienstes, was Menschen, die das nicht wussten, etwas irritierte.

Mit ihren Eltern erlebte Marie-Louise nach eigenen Worten *„ein Paar, das in guter Harmonie miteinander lebte und immer an anderen interessiert war. Über Glaubensfragen zu sprechen war nicht üblich, aber mein Vater ermöglichte uns Kindern durch sein liebevolles Wesen, auch in Gott einen liebenden Vater zu sehen."*

In den Gesprächen des jungen Brautpaars Albrecht und Marie-Louise spielte das Thema „Glaube" noch keine Rolle. Allerdings gingen beide auf die Suche nach einem Trauspruch und die Braut wurde schnell fündig: *„Wachset aber in der Gnade und Erkenntnis unseres Herrn und Heilands Jesus Christus."* Diese Worte aus dem 2. Petrusbrief wurden ihnen bei der Trauung in Arolsen am 23. Mai 1951 für das gemeinsame Leben mitgegeben. Sie sollten sich in bisher 65 Ehejahren verwirklichen und bewahrheiten. Acht Kinder wurden ihnen geschenkt: Philippa und Johanna 1952, Maximilian 1953, Alexander 1954, Georg 1956, Christina 1962, Ferdinand 1965, Stephanie 1966. Mit 32 Enkeln und 31 Urenkeln erleben sie das besondere Geschenk einer Großfamilie.

Kapitel 2

Grundschule des Glaubens

Der Marburger Kreis arbeitet auf der Grundlage der biblischen Botschaft von Jesus Christus. Er hilft dem heutigen, säkularisierten Menschen, in Stille und Besinnung seine gottferne Lage zu erkennen und eine lebendige und tragfähige Verbindung zu Gott zu finden.

Faltblatt „Der Marburger Kreis" – Freunde der Mannschaftsarbeit

Die Vorgeschichte des **Marburger Kreises** beginnt mit der sogenannten „Gruppenbewegung" in den 30er Jahren in Deutschland. Ursprünglich kam die Bewegung aus England. Von den Nationalsozialisten wurde ihre Arbeit im Dritten Reich verboten. Nach dem Ende des Zweiten Weltkrieges suchten Theologen und Laien nach neuen Gestaltungsformen. Auch damals war es das Ziel, sinnsuchenden und fragenden Menschen Zugänge zum christlichen Glauben anzubieten. Im Zuge einer schnell wachsenden Tagungsarbeit und daraus entstehender örtlicher Gruppen wurde 1957 in Marburg ein Verein gegründet, der den Namen „Marburger Kreis" erhielt. Erster Geschäftsführer wurde Arthur Richter.

Im Laufe der Jahre bildeten sich die heutigen Strukturen mit Bezirken und Regionen, die nachhaltig von Ehrenamtlichen geleitet werden. Auch die Seminar- und Freizeitarbeit wird fast ausschließlich ehrenamtlich bestritten. Nur ein kleines Team von hauptamtlichen Referenten und eine Geschäftsstelle in Würzburg unterstützen die Arbeit mit Fachkräften für die Sachbearbeitung, Jugendreferenten, sowie Referenten für Seelsorge, missionarische Projekte, Kleingruppen oder Ehe- und Paar-Arbeit[1].

Ein Vetter meiner Großmutter, Christian Fürst zu Bentheim, machte meine Großeltern 1958 erstmalig auf die Tagungen des Marburger Kreises aufmerksam. Meine Großeltern waren seit sieben Jahren verheiratet und hatten bereits fünf von später acht Kindern. Wusste der Vetter, dass sein Vorschlag nicht passender hätte kommen können? Dass die Krise, in der die Ehe steckte, nicht tiefer hätte sein können? Die Ehekrise meiner Großeltern blieb vielen in ihrer Umgebung nicht verborgen, aber niemand traute sich, sie darauf anzusprechen. Bis sich schließlich dieser Vetter ein Herz fasste und mit den Worten auf sie zuging: *„Ich sehe, dass ihr Hilfe braucht, und ich kann euch Hilfe anbieten".*

Aufgrund der Hartnäckigkeit des Vetters nahmen beide nach längerem Zögern vom 11. bis 15. März 1959 an einer Tagung des Marburger Kreises in Bad Pyrmont teil. Nicht enthusiastisch, aber dennoch offen, machten sie sich auf den Weg. Marie-Louise war davor bereits auf einer Tagung des Auerbacher Kreises gewesen – mutiger und vielleicht auch suchender als ihr Mann. Ahnten die beiden, dass sich ihr Leben grundlegend verändern würde? Mein Großvater meint dazu: *„In meinem Leben und in meiner Ehe war etwas massiv nicht in Ordnung und das glaubwürdige Angebot von Vetter Christian kam genau im richtigen Augenblick."*

* * *

Auf dieser ersten Tagung hörten die beiden etwas, was in ihrem Religionsunterricht und der Erziehung nicht vorgekommen war: Glaubensentscheidung und Lebensübergabe an Jesus Christus. Was ist das? Eine Glaubensentscheidung spricht wohl für sich; eine Lebensübergabe bedeutet, bewusst und vor Zeugen das eigene Leben in die Hände von Jesus Christus zu übergeben. **Firmung** und **Konfirmation** können dasselbe bedeuten.

> **Firmung und Konfirmation**
>
> Die Taufe ist heute nicht mehr, wie am Anfang der Kirche, Ausdruck einer bewussten Glaubensentscheidung. Sie symbolisiert stattdessen Gottes Zuwendung zu uns, die ganz unabhängig von unserer eigenen Entscheidung ist. In den großen Kirchen tritt deshalb zu einem späteren Zeitpunkt ein weiterer, bewussterer Schritt hinzu: In der katholischen Kirche ist das die „Firmung" im Alter von 12 bis 14 Jahren, in der evangelischen Kirche die „Konfirmation" im Alter von etwa 14 Jahren. Beide Worte drücken eine bewusste „Festigung" oder „Bestätigung" dessen aus, was in der Taufe noch unbewusst war. Beide Formen sind im Grunde ihrerseits wieder hinführend auf eine spätere, erwachsene Glaubensentscheidung.

Für die meisten Menschen kommt die Frage nach einer Entscheidung für ein Leben als Christ und in der Gemeinde bei Konfirmation oder Firmung zu früh im Leben. Es fehlt an Reife und Klarheit für diesen weitreichenden Schritt. Viele Menschen erneuern ihre Entscheidung später noch einmal bewusst. So auch meine Großeltern. Mein Großvater erzählt außerdem: *„Völlig neu für mich war, dass wir Protestanten in einer Einzelbeichte, in einem persönlichen, seelsorgerlichen Ge-*

spräch vor einem Beichtzeugen unsere Sünden bekennen können. Der Zeuge fragt mich: Glaubst du, dass Jesus dir deine Sünden vergeben hat? Wenn ich diese Frage dann mit Ja beantworte, sind mir durch den Zuspruch im Namen Jesu Christi meine Sünden vergeben. Ich empfand das damals als unbeschreiblich entlastend und befreiend." Die Tagungen in Bad Pyrmont waren durch die Mischung aus biblischer Grundlage und persönlichem Zeugnis anderer Menschen sehr lebensnah und anregend.

* * *

Hier, in Bad Pyrmont, spürte Albrecht zum ersten Mal, was lebendiger Glaube sein kann und was es bedeutet, Teil einer gläubigen und lebendigen Gemeinschaft zu sein. Ehrlichkeit, Reinheit, Selbstlosigkeit und Liebe sind die vier Maßstäbe, auf der die Arbeit des Marburger Kreises aufbaut.

Diese vier Grundbegriffe sollen gleichzeitig Richtschnur für das persönliche Leben und Beichtspiegel für den Einzelnen sein. Albrecht und Marie-Louise nahmen das Gehörte sehr ernst. Albrecht konnte eine schwere Last ans Kreuz tragen. Es traf ihn tief, die Vergebung am eigenen Leibe zu spüren. Auch Marie-Louise erlebte die Beichte als etwas Entscheidendes, obwohl sie nach eigenen Worten *„keinen großen Klotz loswerden musste, sondern eher eine Fülle von kleinen Sünden."* Sie betont jedoch, dass die kleine Sünde genauso schwer wiegt wie die große. Diese Erfahrung der Vergebung ist für ihre spätere Arbeit in der Seelsorge wichtig. Sie suchte diese Erkenntnisse auf den Tagungen ganz konkret, um diese auch weiterzugeben zu können.

Albrecht und Marie-Louise begannen auf dieser ersten

gemeinsamen Tagung damit, miteinander über Themen, die ganz tief vergraben lagen, zu sprechen. Stundenlang zog sich das Ehepaar unter vier Augen zurück. *„Es war weise von den anderen, dass sie uns einfach gelassen haben"*, kommentiert dies meine Großmutter im Rückblick. Die Auseinandersetzung miteinander war schmerzhaft. Die Tagung gab Anstoß dazu, über Themen zu sprechen, über die bis dahin in den gemeinsamen Ehejahren nie gesprochen worden war. Es waren auch Themen, die wehtaten. Ein langsamer und mühsamer, aber segensreicher Prozess begann.

Wie stand es mit dem Gebet zu zweit? Beide erklären, dass das nicht so schnell gegangen sei. Ihre Beziehung brauchte Zeit und Heilung. Das gemeinsame Gebet entwickelte sich erst später, als sie wieder zu Hause waren.

Meine Großmutter sagt, dass sie auf dieser ersten Tagung ganz klar wusste, dass es ein bedeutender Einschnitt für ihr Leben sein und bleiben würde. Die persönliche Betroffenheit war es, die meinen Großvater packte. Er fühlte sich herausgefordert von den Vorträgen, den Gesprächen und im Innersten wusste er: *„Ich bin gemeint – ganz persönlich."*

* * *

Wenn auf dieser ersten Tagung auch noch nicht der Schritt der Lebensübergabe getan wurde, so wussten die beiden sich doch ganz konkret angesprochen und das musste Veränderung nach sich ziehen. Das Erlebte sollte nicht Privatsache bleiben. Es sollten auch andere davon hören. Zurück im Alltag versuchten Marie-Louise und Albrecht das, was ihnen auf der Tagung klar geworden war, in ihr Leben einzubringen. Gemeinsam mit Arthur Richter, der nach Castell zu Besuch kam, lernten sie, „Stille Zeit", eine persönliche Zeit des Gespräches mit Gott, zu halten. Nur nach der Geburt eines Kindes hatte das junge Ehepaar bisher laut miteinander das „Vaterunser" gesprochen. Das Beten wollte also gelernt werden. Sie übten miteinander, auch frei zu beten, wobei es ihnen anfänglich half, das Gebet aufzuschreiben und sich gegenseitig vorzulesen. Gemeinsam lasen sie in der Bibel und sprachen anschließend oft über die ganz alltäglichen Dinge, die in Haus und Betrieb anstanden.

Den Gepflogenheiten des Marburger Kreises entsprechend, aber auch aus einer tiefen inneren Überzeugung und neu gewonnenen Freiheit heraus, brach bald nach dieser ersten Tagung emsige Aktivität aus. Das Paar begab sich voller Elan in die Mitarbeit im Marburger Kreis! Die neu entdeckte Gnade und die Möglichkeiten wurden eifrig geteilt – die Eheleute engagierten sich beide sehr stark für das, was sie als gut und richtig erkannt hatten. Beide lernten, über den Glauben zu sprechen. Weitere Tagungen, an denen sie teilnahmen, forderten sie zusätzlich heraus. Ganz persönlich. Das führte zu einer regelmäßigen Mitarbeit auf mehreren Tagungen im Jahr sowie der „Mannschaftsarbeit", das waren regelmäßige Treffen von „Marburgern" in Castell. Diese Entwicklung tat beiden gut. Sie erlebten, wie der Glaube ein lebendiger Teil ihres Lebens wurde. Und sie erkannten, dass sie hier als Ehepaar ganz neu einen gemeinsamen Weg einschlagen durften.

Die vielen Tagungen, die intensive Beschäftigung mit der Bibel und den Themen des Alltags bezeichnet mein Großvater als die beste „Grundschule im Glauben", die man besuchen kann. Familie, Freunde, Bekannte – viele wurden mit dem Thema konfrontiert. Zahlreiche Teilnehmerlisten von Tagungen und Einladungen, Zusage- und Absagelisten, Vorträge und Briefe verdeutlichen die intensiven Aktivitäten. Ihre älteste Tochter Philippa erzählt im Rückblick: *„Als Kinder empfanden meine Geschwister und ich das intensive Engagement im Marburger Kreis als lästig, wir waren eifersüchtig auf die viele Zeit, die die Eltern für diese Arbeit brauchten. Die Gäste beim Mittagstisch betrachteten wir als störend, die Gespräche fanden wir uninteressant. Wir hatten auch keine Lust, uns damit zu beschäftigen.“* Später machte sie ihre eigene Erfahrung mit dem Marburger Kreis: *„Meine Verlobung 1976 erforderte die Auseinandersetzung über die Konfessionen, da mein Mann katholisch ist. Dies löste bei mir ein Nachfragen nach Information über meinen Glauben aus. Viele kontroverse Gespräche, auch über Konversion wurden sehr emotional geführt. Mein Verlobter Michael hatte die täglichen Andachten und das freie Reden über den Glauben in unserer Familie sehr schätzen gelernt und wollte deshalb auch nicht, dass ich diese Tradition verlasse. Das hat mir sehr geholfen, mich in dieser wichtigen Wesensart angenommen zu fühlen. Der Besuch einer Tagung des Marburger Kreises zusammen mit Michael öffnete uns die Augen für die Liebe Jesu in unserem Leben, und wir konnten ihm beide unser Leben übergeben. So haben wir, trotz familiärer Querelen, bei der Trauung bewusst unsere Ehe unter Jesu Leitung gestellt. Das war eine tiefere Verbindung als die Konfessionen. Und Jesus ist bis heute der Herr unserer Ehe und wird es immer bleiben. Wir können ihn anrufen und konkret um Hilfe bitten, er ist der Dritte in unserem Bund.“*

Das Engagement meiner Großeltern glich vielleicht der Begeisterungswelle einer jungen Liebe – man will sie mit aller Welt teilen und kann gar nicht verstehen, warum nicht ein jeder, der davon hört, gleich selbst in Liebestaumel verfällt.

„Nun schicke ich Dir eine Einladung zu Tagungen, die in Pyrmont sind und die ich nur sehr empfehlen kann, weil Marie-Louise und ich viel Wichtiges für das tägliche Leben dabei gelernt haben" (Brief an Ludwig Graf zu Dohna, 22. August 1960). Viele Briefe aus dieser Zeit beginnen mit diesen oder ähnlichen Zeilen. Die Menschen aus dem Umfeld meiner Großeltern bekamen sehr bald auf die eine oder andere Weise davon zu hören. Vor allem wandten sie sich an Menschen, bei denen sie den Wunsch nach konkreterer Glaubenserfahrung spürten. Wie bei dem biblischen Gleichnis vom Sämann (Markus 4) fielen ihre Worte und Einladungen auf Dornen, Sand und ins Gestrüpp, aber auch auf fruchtbaren Boden. Die Schwestern meines Großvaters beispielsweise gingen gleich zu Beginn auf Tagungen. Sie treffen sich bis heute immer noch regelmäßig mit einer Mannschaft des Marburger Kreises oder sind diesem sehr verbunden.

Vom 28. bis 30. August 1959 luden Albrecht und Marie-Louise zu einer Informationstagung nach Castell ein. Sie baten den Gründer des Marburger Kreises, Arthur Richter, selbst zu referieren, um die Arbeit des Marburger Kreises vorzustellen. Fast alle Geschwister, viele Nachbarn und zwei Pfarrer kamen auf dieser Tagung zusammen. *„… erfreut war ich, als eine Reihe der Gäste auch zu unserer nächsten Tagung erschien. Die Arbeit des Marburger Kreises war zu diesem Zeitpunkt noch völlig unbekannt. Inzwischen ist unsere Region von der Laienbewegung durchdrungen. Heute gibt es weit über hundert Mannschaften in Bayern"*, erklärt mein Großvater. Nach dieser Tagung folgten zwei weitere in Castell. Albrecht und Marie-Louise stellten sich die Frage, inwieweit sich das, was sie im Marburger Kreis gehört hatten, mit den Lehren ihrer Kirche deckte. Das Ergebnis der Prüfung war positiv. Albrecht erhoffte sich vom Marburger Kreis eine Belebung und Bereicherung der Landeskirche.

Arthur Richter (* 1908 in Bentschen; † 1993 in Hannover) war Seelsorger, Laientheologe und langjähriger Geschäftsführer des Marburger Kreises, an dessen Gründung er beteiligt war.

Arthur Richter wollte Pfarrer werden, musste jedoch auf Wunsch seiner Eltern eine technisch-kaufmännische Lehre absolvieren. Er trat in den technischen Dienst der Reichswehr ein, wurde Offizier und geriet 1945 in Kriegsgefangenschaft. Bei einer Evangelisation gewann er 1946 die Glaubensgewissheit, die er lange gesucht hatte. Eine wichtige Rolle spielten dabei für ihn die persönliche Beichte und die tägliche Stille Zeit. Zwei Dinge, die später auch für die Arbeit des Marburger Kreises wesentlich wurden.

Sehr bald wurde Arthur Richter selbst als Seelsorger von anderen aufgesucht. Er engagierte sich als Geschäftsführer des „Arbeitskreises für Volksmission" in Hannover und dann in der „Moralischen Aufrüstung". 1957 gründete er mit einigen Freunden den Marburger Kreis, dem er bis in die Achtzigerjahre als Geschäftsführer vorstand.

Ein wesentlicher Beitrag zur Entwicklung des Marburger Kreises waren Arthur Richters Rundbriefe. Sein Buch „Auf der Suche nach Freiheit", das die wesentlichen Schwerpunkte der Arbeit des Marburger Kreises beschreibt, erlebte bis heute 23 Auflagen. Arthur Richter starb 1993, nachdem er jahrelang an der Alzheimer-Krankheit gelitten hatte.

* * *

Das Frankenland wurde in den nächsten Jahren zu einem Arbeitsschwerpunkt des Marburger Kreises. Die Tagungen in Castell zeigten Wirkung. Wie man in der Geschichte des Marburger Kreises nachlesen kann, kam es in der Folge zu einer **Erweckung,** besonders in den adeligen Familien. *„Der Funke sprang von den Schlössern in die Dörfer und Städte über, sodass an die hundert Mannschaften entstanden."*[2] Wöchentlich traf sich eine Gruppe auch in Castell. Diese „Mannschaftstreffen" waren nicht nur Gebetstreffen, sondern Arbeitssitzungen, da die Bereitschaft zur aktiven Mitarbeit eine Voraussetzung war. Noch heute gibt es fünf Hauskreise in Castell, die sich jedoch vom strengen Marburger Prinzip weg entwickelt haben. Albrecht und Marie-Louise halten alle vierzehn Tage einen Hauskreis bei sich im Schlösschen ab, der offen ist für Menschen, die mit Jesus und der Bibel leben wollen.

„Erweckung" ist ein biblisches Bild für den geistlichen Aufbruch eines Menschen oder einer Kirche: So wie ein Schlafender aufgeweckt wird, wird schlummerndes Potenzial in lebendiges und bewusstes Handeln umgesetzt. Das kann die persönliche „Erweckung" eines Menschen sein, in dem Glauben erstmalig geweckt oder nach langer Vernachlässigung wieder neu entfacht wird. Es kann aber auch Zeiten der „Erweckung" in einer Kirche beschreiben. Solche Phasen des geistlichen Aufbruchs und der Wiederbelebung hat es in allen Jahrhunderten gegeben, gerade nach Zeiten des Niedergangs oder der Erstarrung kirchlichen Lebens.

Mit Arthur Richter entwickelte sich schnell eine intensive Freundschaft. Man traf sich nicht nur auf Tagungen. Ein intensiver Briefwechsel vertiefte den Austausch.

Wer war dieser Arthur Richter, der meine Großeltern anfänglich so prägte? Er muss eine sehr starke Persönlichkeit und ein begnadeter Seelsorger mit einer ganz besonderen Ausstrahlung gewesen sein. Seine Bücher, wie beispielsweise „Auf der Suche nach Freiheit"[3], sprechen eine deutliche und klare Sprache. Sein Biograf Hartwig Thieme beschreibt ihn jedoch auch als Einzelkämpfer, dem es schwerfiel, die Dinge zu delegieren, was die Zusammenarbeit mit ihm nicht immer einfach machte. Wie es häufig bei sehr charismatischen Menschen der Fall ist, führte seine hohe Autorität zuweilen dazu, dass sich Mitarbeiter ihm zu sehr unterordneten und somit ihre eigenen Charismen, ihre von Gott geschenkten Gaben, nicht entwickelten. Dennoch nahm er berechtigten Widerspruch sehr ernst. Er hielt sich streng an die Ordnung seiner Kirche, der er sich gehorsam unterordnete. Er wollte auf jeden Fall vermeiden, dass sich der Marburger Kreis als eine Gruppe außerhalb der Kirche entwickelt. *„Mir brennt das Herz, wenn ich an unsere Kirche denke"*[4], schrieb er 1958. Ein Satz, der seine starke Kirchenbindung auf den Punkt bringt.

Seine Person bestimmte den Marburger Kreis und prägte auch meine Großeltern. Dass Arthur Richter Soldat gewesen und somit ein sehr pünktlicher und disziplinierter Mensch war, spielte für meinen Großvater eine wichtige Rolle. Es passte einfach alles zusammen. Dieser respektable, gerade Mensch war glaubwürdig. Mein Großvater betont, dass der äußere Eindruck hier auf jeden Fall eine wesentliche Rolle gespielt hat. Die innere Haltung sollte sich auch in der äußeren Form widerspiegeln.

Meine Großeltern waren also an den Anfängen des Marburger Kreises in Franken beteiligt. Die Bekehrung zu Jesus Christus und das Wachsen dieses neu erlebten und dann intensiv zu erlernenden Glaubens ließen Marie-Louise und Albrecht stärker werden und reifen.

* * *

Der Tod ihrer kleinen Tochter Christina, die im Jahre 1964 mit zweieinhalb Jahren an einem Virusinfekt starb, war ein Ereignis, bei dem meine Großmutter das erste Mal das Handeln Gottes und auch seinen Trost ganz unmittelbar spürte. Es war wie eine Prüfung des Glaubens. Gott nahm ein geliebtes kleines Mädchen, das er der Familie erst wenige Jahre zuvor geschenkt hatte, wieder zu sich. Gab ihnen der Glaube die Kraft, mit dem schweren Verlust umzugehen und dankbar auf das zu blicken, was Christina an Licht in ihr Leben gebracht hatte? Meine Großmutter nickt zustimmend. Vor allem auch das Getragensein im Gebet war wichtig. Mein Großvater hingegen sieht hier keinen entscheidenden neuen Einfluss: *„Schon beim Tod meines Bruders und meines Vaters war in mir überhaupt kein Zweifel, dass das Gottes Wille ist. Ich hatte von klein auf ein Gottvertrauen und eine Gottesanerkennung, an der es keinen Zweifel gab. Das traf auch zu, als Christina starb.“* Zehn Jahre darauf starb Maximilian, ihr ältester Sohn, an den Folgen eines Autounfalls. Ihre älteste Tochter Philippa, damals 22 Jahre alt, schreibt dazu: *„Beim Tod meines Bruders Maximilian empfand ich die Haltung meiner Eltern als erstaun-*

lich, sie waren getragen und getröstet. Da bemerkte ich eine höhere Macht, die ihnen dabei half, alles zu verarbeiten. Das hat mich interessiert. Es war ein Gedankenanstoß."

* * *

Zur selben Zeit flammte in den USA eine charismatische Erweckungsbewegung auf. Arnold Bittlinger, einer der Leiter des Marburger Kreises, lernte 1963 auf einer Studienreise durch die USA in der Gemeinde des lutherischen Pfarrers Larry Christenson die dort zum ersten Mal für viele erkennbaren Phänomene der Geistesgaben kennen. Da er sehr beeindruckt war, erzählte er auf einer Tagung des Marburger Kreises davon und lud den Amerikaner auch nach Deutschland ein. Larry Christenson sprach über die **Gaben des Geistes** und den Segen, den diese auf das Gemeindeleben haben.

Die Bibel spricht von **„Gaben" (Charismen) oder „Geschenken" des Heiligen Geistes** und beschreibt damit zum einen geistliche Grunderfahrungen wie Glaube, Liebe, Hoffnung oder Weisheit, aber auch ganz „handgreifliche" Erfahrungen, die die frühe Kirche in ihrem Gemeindealltag erlebte. Dazu gehörten spontane Krankenheilungen, aber auch „prophetische Worte", also Einsichten, Botschaften, Ermutigungen oder Warnungen, die Menschen von Gott hörten und an andere weitergaben. Auch das Beten und Reden in Worten, die man selbst nicht versteht, und damit ein Überschreiten der Begrenztheit unserer Sprache, wird in der Bibel als eine „Gabe des Geistes" beschrieben. Solche Gaben des Geistes sind in der Frühzeit des Christentums überall anzutreffen, in der späteren Kirchengeschichte begleiten sie oft Phasen geistlichen Aufbruchs, und auch in den charismatischen und pfingstkirchlichen Bewegungen unserer Zeit gehören sie zum Gemeindealltag. Die großen Kirchen, insbesondere der Weltrat der Kirchen, haben sich in den letzten Jahrzehnten mehr und mehr für solche Glaubenserfahrungen geöffnet und dazu ermutigt.

Der Pfarrer, der aus der Bewegung der charismatischen Erneuerung aus Amerika kam, hielt deutschlandweit Vorträge und war einer der Ersten, der die charismatische Welle nach Deutschland getragen hat. Siegfried Eisenmann aus Craheim sagt über ihn: *„Larry Christenson hatte als Lutheraner eine starke Glaubwürdigkeit für Skeptiker, weil er ein nüchterner und sehr guter Theologe war."*

Die Gaben des Heiligen Geistes zu erleben, das war ein neuer weiterer Schritt ins Glaubensleben hinein, der das ganze Leben meiner Großeltern stark prägte. Es entstand eine bis heute anhaltende Freundschaft zu Larry und seiner Frau Nordis, die sich auch auf die nächste Generation ausweitete. Da sie Larrys Botschaft überzeugte und sie ihnen wichtig erschien, luden Albrecht und Marie-Louise den Amerikaner zu einer Tagung nach Castell ein. Auf dieser Tagung geschah etwas Sonderbares, das meine Großeltern nicht recht einordnen konnten. Larry Christenson betete mit den beiden. Dann hatte er eine **Prophezeiung**, die er ihnen zusagte. *„Ihr beide habt einen Auftrag mit dem jüdischen Volk!"* Meine Großeltern waren verständlicherweise verwirrt und dachten, dass das wohl ein Fehler sein müsse.

Auch Larry Christenson ist ein Mensch und Menschen können sich irren. Schließlich kannten die beiden niemanden jüdischer Herkunft und hatten keinerlei Verbindung zu Israel. Später dachten sie jedoch noch oft an seine Worte zurück.

In unserer Zeit wird das Wort „**Prophet**" mit Skepsis betrachtet, man hört dabei Anklänge von Sektiererei und Personenkult. In der jüdisch-christlichen Tradition ist das Wort jedoch ganz anders besetzt und bezeichnet einen Menschen, der auf Gottes Stimme hört und das, was er dabei erfährt, an andere Menschen weitergibt. Das Wort selbst bedeutet „Vor-sprecher" oder „Aus-sprecher", hat also nichts mit Wahrsagerei oder Zukunftsschau zu tun, sondern mit dem Mut und der Fähigkeit, im richtigen Moment das auszusprechen, was man selbst von Gott gehört hat. Prophetische Rede macht einen großen Teil des Alten Testamentes aus, aber auch im Neuen Testament und in der Kirchengeschichte gehört prophetische Rede zum Gemeindeleben. Die Bibel spricht sowohl von „echten" als auch von „falschen" Propheten. Deshalb gehört zu jedem Ausspruch prophetischer Rede auch immer ein hörendes Prüfen der Gemeinde und des Einzelnen.

* * *

1968 muss eine große Krise die Leitung des Marburger Kreises ergriffen haben. Korrespondenzen verschiedener Mitglieder spiegeln Besorgnis wider. Die Krise beruhte wohl auf Fragen der Autorität, Struktur und Leitung sowie auf einer geistlichen Unklarheit über die Ziele. Für meine Großeltern war das weniger ein Bruch als eine Weiterentwicklung. Der Marburger Kreis beschloss damals ganz bewusst, sich völlig auf den Urauftrag – Bekehrung, Entscheidung, Maßstäbe fürs Leben – zu konzentrieren und nicht den skizzierten Weg mit dem besonderen Augenmerk auf die Geistesgaben einzuschlagen. Diese Entwicklung nahm die Gemeinschaft erst sehr viel später auf.

Für meine Großeltern war der Marburger Kreis eine gute und wichtige „Grundschule des Glaubens": Die Erfahrung der Vergebung, die tägliche Stille Zeit, der Austausch und das Gebet in der Gruppe, das direkte und freie Gebet zu Jesus Christus und das Leben mit der Bibel. Mit großer Dankbarkeit denken sie an diesen Anfang zurück. Ohne diesen festen Boden, den sie dort gefunden hatten, wären die späteren Entwicklungen nicht möglich gewesen. Schon die Bezeichnung meines Großvaters, „*Grundschule* des Glaubens", beinhaltet jedoch, dass es einer Weiterentwicklung bedurfte. Diese Weiterentwicklung zeichnete sich für meine Großeltern wenige Jahre später durch die Entstehung von Craheim – einem ökumenischen Lebenszentrum für die Einheit der Christen – ab. Dazwischen lag aber noch ein Ausflug nach Königstein, auf den wir uns im nächsten Kapitel begeben.

Kapitel 3

Geistliche Horizont-Erweiterung oder erste Schritte zur Einheit

„Wir müssen bereit werden, uns von Gott unterbrechen zu lassen. Gott wird unsere Wege und Pläne immer wieder, ja täglich, unterbrechen, durchkreuzen, indem er uns Menschen mit ihren Ansprüchen und Bitten über den Weg schickt."

Dietrich Bonhoeffer

Die ökumenischen Kirchentage in Königstein stellten in den Sechzigerjahren für Albrecht einen Meilenstein in der Wahrnehmung der Weite des Glaubens dar. Wenn man den bisherigen Weg als Grundschule des Glaubens betrachtet, mag es wie eine Exkursion wirken – ein Aspekt der Horizonterweiterung, eine erste Begegnung mit anderen Konfessionen und Einstellungen und damit verbunden ein Wachstum der geistlichen Reife. Zum ersten Mal in seinem Leben traf Albrecht auf Orthodoxe, Baptisten und andere konfessionelle Gruppen.

In Deutschland denkt man bei dem Wort „Ökumene" vor allem an das Miteinander von evangelischer und katholischer Kirche. Dabei sind diese beiden – weltweit gesehen – nur ein kleiner Ausschnitt der christlichen Familie. Neben ihnen existieren breite, wichtige Strömungen anderer christlicher Kirchen: Etwa die orthodoxen Kirchen Osteuropas, die über viele Jahrhunderte das Kernland christlichen Glaubens und Lebens bildeten. Sie bestanden schon zu Zeiten, als das römisch-katholische Westeuropa noch ein junges „Missionsland" und an Luther noch nicht zu denken war. Oder die orientalischen Kirchen von Syrien, Ägypten und dem Irak, die die eigentliche Wiege des christlichen Glaubens bilden. Ihr Einflussbereich erstreckte sich zeitweise bis nach Indien und China. Bis heute halten diese Kirchen, trotz einer langen Geschichte von Verfolgung und Unterdrückung in islamischen Herrschaftsgebieten, an ihrem christlichen Glauben fest. Aber auch die jungen Kirchen des 19. und 20. Jahrhunderts, darunter Baptisten, Methodisten, Pfingstkirchen und Brüdergemeinden, sind heute wichtiger Bestandteil der weltweiten Ökumene. Die Pfingstkirchen, die das Wirken des Heiligen Geistes, Heilungen und spontane Gottesdienstformen betonen, sind derzeit die am schnellsten wachsende christliche Konfession weltweit, besonders in Afrika, Asien und Südamerika. In Westeuropa allerdings nehmen wir solche Entwicklungen kaum wahr, da unser ökumenischer Horizont gewöhnlich kaum über die evangelischen und katholischen Kirchen hinausreicht.

* * *

Verschiedene Welten schienen in Königstein vor Albrechts Augen aufeinanderzuprallen, als die unterschiedlichen Denominationen einander begegneten. Doch alle drehten sich gemeinsam um denselben Kern: Jesus. Diesen Brückenschlag zu anderen Konfessionen hatte Albrecht im Marburger Kreis bisher nicht kennengelernt. Dadurch wurde eine Saite in ihm angeschlagen, die bis heute klingt: Ökumene. Auch in der Familie sollte dies noch ein wichtiges Thema werden, da vier seiner Kinder katholische Ehepartner wählten.

Die Königsteiner Kirchentage fanden von 1965 bis 1969 jährlich im Taunus statt. Initiatoren der Tagungen waren Wilhard Becker, Reiner-Friedemann Edel, Klaus Hess, Walter Hümmer, Arthur Richter, Arnold Bittlinger und der katholische Priester Peter Paul Urbanczik[5]. Diese Brüder schlossen sich 1964 auf Schloss Schwanberg zu einer Organisation zusammen, die sich *Ökumenischer Dienst* nannte und auch Träger der Kirchentage wurde. Man formulierte gemeinsam, was den Verein auszeichnen sollte: „*Eine Arbeitsgemeinschaft von Christen aller Bekenntnisse, die sich bei voller Wahrung der konfessionellen Zugehörigkeit im Gehorsam des Evangeliums genötigt wissen, die von Jesus Christus erbetene Einheit und Lebensgemeinschaft aller Christusgläubigen im dreieinigen Gott zu bezeugen, ihr zu dienen und sichtbaren Ausdruck zu geben.*" Diese Gruppe hatte es sich zur Aufgabe gemacht, Menschen in eine persönliche Glaubens- und Lebensverbindung mit Jesus Christus und damit in die Gemeinschaft der Kirchen, Freikirchen und anderer Zusammenschlüsse zu führen und miteinander bekannt zu machen. Die Erwartung des Reiches Gottes war die Grundlage dafür, dass sie ihre gegenseitigen Vorurteile ablegen und in gemeinsamem Dienst, in Arbeit und Leben einander mit ihren Gaben ergänzen und korrigieren konnten.

Bei der ersten Tagung trat als Veranstalter der Ökumenische Verlag von Dr. Reiner Edel auf. Auf der Tagung wollte man sich theologisch, historisch und praktisch mit dem Wesen der Gnadengaben beschäftigen. Vor allem ihre Bedeutung für den Gemeindeaufbau wurde für wichtig erachtet. Arnold Bittlinger setzt sich in einem Aufsatz[6] mit diesem Thema auseinander und führt an, warum sich Gemeinden den verschiedenen Geistesgaben nicht verschließen sollten.

Von den verschiedenen Gnadengaben des **Heiligen Geistes** sind einige jedoch in unserer Zeit in Vergessenheit geraten.

Der „**Heilige Geist**" oder auch „Geist Gottes" beschreibt in der biblischen Sprache Gottes wirksame Präsenz in der Welt. Schon im Schöpfungsbericht ist von ihm die Rede und auch bei der Erschaffung des Menschen ist die „Einhauchung" des Geistes Gottes ein wichtiger Aspekt der menschlichen Identität. Jesus beschreibt den Geist Gottes wie eine eigene Person, die von Gott in die Welt gesendet wird und doch gleichzeitig auch Gott selbst ist, der sich in die Welt gibt. Die christliche Tradition hat dies in der Rede von der „Dreieinigkeit" aufgenommen. In den frühen christlichen Gemeinden wurde der Heilige Geist vor allem durch seine Wirkungen erlebt. Er ist es, der den Menschen zu Gott hin bewegt, ihn von innen her erneuert, ihn mit Kraft ausrüstet und mit besonderen Gaben befähigt. Der „Heilige Geist" ist also „Gott selbst am Werk" in seiner Schöpfung und im Menschen.

In den 60er-Jahren hörte man vermehrt von Erweckung, d. h. der Wiederentdeckung der Geistesgaben. 1963 fand in Enkenbach eine Tagung zu diesem Thema statt, die Arnold Bittlinger als den Beginn der charismatischen Erneuerung in Deutschland bezeichnet. Dort sprach Larry Christenson über die Geistesgaben und auf dieser Grundlage fand schon bald eine weitere Tagung in Castell statt.

Aber zurück zu den Königsteiner Kirchentagen. In einem Interview erinnert sich Dr. Reiner Edel:

Sie haben den ersten Kirchentag geleitet?
„Ja, die Einladung ist von meinem Verlag ausgegangen, da auch die Referenten der verschiedenen Kirchen Autoren aus meinem Verlag waren."

Warum gab es nur fünf Kirchentage?
„Die Kirchentage waren nach den fünf Punkten im Glaubensbekenntnis angeordnet. Es waren in sich abgeschlossene Kirchentage. Die Themen waren in der Reihenfolge: 1. Kirche und Charisma, 2. Kirche und Amt, 3. Eine Taufe, 4. Gottesdienst und Eucharistie, 5. Die Zukunft und die Hoffnung. Der Bischof von Bayern

wollte, dass wir das weiterführen, aber es hat sich nicht ergeben.
Das war ein von Gott gegebenes einmaliges Konzept."

Und können Sie sagen, ob von diesen Kirchentagen eine nachhaltige Wirkung ausgegangen ist?
"Ja, das kann man deutlich an den Mitgliedern des Vorbereitungskreises und den Teilnehmern erkennen. Die kamen ja aus ganz verschiedenen Lagern und Bewegungen: Vom Marburger Kreis kam der Leiter und auch von den Rufern, einer freikirchlichen Bewegung. Die haben alle in diesen Tagen eine starke Öffnung zur ganzen Kirche in ihrer Vielfalt hin erlebt. Für manche Freikirchler ist es ja kaum zu glauben, dass es auch gläubige Katholiken geben kann ... (lacht) ... und umgekehrt auch. ... Durch dieses Treffen wurde das Eis gebrochen – dadurch, dass die Teilnehmer einmal gesehen haben: Es gibt Gläubige in jeder anderen Gemeinschaft, die selbst auch ganz intensive Erfahrungen mit Jesus machen. Das macht viel aus, wenn man es im persönlichen Miteinander erlebt – durch gemeinsame Gottesdienste, gemeinsame Erfahrungen der Liebe Gottes ..."

Konnte man denn gemeinsam Abendmahl feiern?
"Der Bischof von Limburg, zu dessen Bistum Königstein gehört, hat damals erlaubt, dass alle Teilnehmer in der katholischen Messe an der Eucharistie teilnehmen durften. Das war wunderbar. Er hat es getan, weil er überzeugt war, dass sie alle das Heilige Abendmahl so ansehen wie er und wie es eigentlich sein sollte ... wenn jemand zum Abendmahl geht, dann gehört die Einstellung dazu, dass das wirklich Leib und Blut Jesu ist und nicht nur ein Symbol. Und dies war dort selbstverständliche Voraussetzung. Es war also allen erlaubt, und es wurde gemeinsam gefeiert."

Eigentlich schade, dass das damals möglich war und es dann wieder so einen Rückschritt geben musste. Und Larry Christenson, hat er bei diesen Veranstaltungen eine große Rolle gespielt?

„Ja, er hat so etwas wie einen Impuls für alle Bewegungen, auch für den Marburger Kreis, gegeben, sodass sie alle mit den Charismen in Berührung kamen. Und das auf eine kirchliche, offizielle Weise. Es war damals so, dass die Teilnehmer aus allen Konfessionen kamen, auch aus der katholischen. Die katholische charismatische Bewegung ist nicht nur durch amerikanische Einflüsse im Allgemeinen entstanden, sondern speziell durch Larry Christenson in diesen Tagen ...

Dann haben sie sich leider wieder voneinander getrennt, um ihren Kirchenleitungen zu gefallen. Einer hat sich vom anderen distanziert. Eigentlich eine anti-ökumenische Haltung. Da ging geistlich viel verloren, weil die Teilnehmer plötzlich eher kirchenpolitisch und nicht mehr geistlich gedacht haben. Jetzt gibt es eine katholische und eine evangelische charismatische Bewegung. Das war damals auf den Kirchentagen noch eins. Die Einheit hat nicht gehalten, weil das Geistliche und Prophetische verloren ging und stattdessen politisch wurde. Das Prophetische ist leider verkümmert und fand nur noch in der Seelsorge Anwendung. Deswegen ist manches zurückgegangen, was am Anfang viel Hoffnung auf die Zukunft gemacht hatte. In ihren Kirchen sind alle dann so diszipliniert worden, dass sie die Finger davon gelassen haben ..."

* * *

„Die Königsteiner Tagungen sind in meiner Erinnerung ein sehr wesentlicher Abschnitt meines Christenlebens. Ich habe dabei ein Stück Weite des Reiches Gottes erlebt ...", schreibt Albrecht 1966

in einem Brief an einen Freund. Von seiner Schwester Angelika darauf aufmerksam gemacht, nahm er an den letzten drei Tagungen teil. Diese Kirchentage in Königstein waren von einer großen Hoffnung auf Einheit erfüllt. Bei diesen Tagungen nahm Albrecht zum ersten Mal an einer orthodoxen und an einer katholischen Eucharistiefeier teil und empfing auch die Kommunion. Hier wurde für ihn die Weite des Reiches Gottes ganz konkret. Die Teilnehmer der verschiedenen Konfessionen versuchten sich miteinander auseinanderzusetzen, aber mehr noch den Blick auf Jesus und den Heiligen Geist – das Zentrum, das alle gemeinsam hatten, – zu richten. Das zu erleben, stärkte Albrecht und weitete seinen Blick für das große Ziel, für das sein Herz fortan brennen sollte: Die Einheit der Kirche – der ganzen Kirche Christi.

Kapitel 4

Ein mühsamer Weg zum großen Ziel

Vision für Albrecht und Marie-Louise Castell

„So höre, mein Kind, es ist ein steiler Weg, den ich für euch erwählt habe. Doch wisse, dass mein Licht in die Schluchten dieses Aufstiegs scheint und ich euch alle mit frischem Wasser tränke, und wisst, dass ihr auf der Anhöhe einen wunderbaren Ausblick auf mein Reich haben werdet. Ihr werdet Dinge sehen, die noch kein Auge gesehen hat. Ich habe euch berufen, es kundzutun. Ihr werdet an diesem Ort verharren, bis ich euch abholen werde auf eine Weise, wie es Menschen nicht tun können.

So preist mich, denn ich weiß um die Schattenseiten des Weges, des Aufstieges, doch die Vision am Gipfelkamm wird überwältigend sein.

Ihr seid meine Wegweiser.

Ihr seid die Pfadfinder für die, die nach euch kommen werden, und sie werden dankbar sein für eure Pionierarbeit.

So seid unverzagt und nehmt den Seitenaufstieg,

Stück für Stück, mit all seinen Tücken und Herrlichkeiten.

Folgt mir, ich weise euch den rechten Weg zum Aufstieg.

Und habt Geduld miteinander.

So spricht der Herr."

Harald Wirkner
Lüdenscheid, den 10. Juni 1993

Mainpost, 7. Juni 1969: In stiller Arbeit hat Albrecht Fürst zu Castell-Castell am nordöstlichen Ende Unterfrankens mit einer Handvoll gleichgesinnter Kleriker und Laien das Schloss Craheim erobert und es zum Mittelpunkt des „Lebenszentrums für die Einheit der Christen" gemacht. Um der ökumenischen Gläubigkeit willen lebt diese Gemeinschaft verschiedener geistiger Gruppen, die „im Glauben an den einen Gott" verbunden sind, in diesem stattlichen Haus zusammen, nicht um eine neue ökumenische Religion zu gründen, sondern um die christliche Gemeinschaft unter Jesus vorzuleben.

25 Jahre später:
Schweinfurter Tagesblatt, 26. November 1993: Christen verschiedener Konfessionen – Katholiken, Evangelische und Freikirchen – hatten 1968 eine faszinierende Vision: Auf Schloss Craheim wollten sie im täglichen Zusammenleben die Einheit der Kirche vorwegnehmen, als eine Art Vorhut der Amtskirchen, die sich im ökumenischen Dialog stets verheddern. (...) Nach 25 Jahren wurde jetzt in Craheim das Jubiläum des ökumenischen Experiments gefeiert. Von den Gründern ist heute niemand mehr im Schloss. Schon nach wenigen Jahren hatte sich die erste Gemeinschaft desillusioniert und heillos zerstritten davongemacht oder (...) abgekapselt. Das Experiment war ganz anders verlaufen, als man sich das im ersten Überschwang vorgestellt hatte.

Zu den Anfängen: Im Juni 1968 kamen in Castell verschiedene Leiter geistlicher Werke zusammen, die sich in Königstein nahegekommen waren. Man sprach über den Wunsch, ein Haus der Seelsorge für die Leiter der verschiedenen Gruppierungen zu finden. Die Idee aus Königstein, ein Zentrum zu bilden, in dem die verschiedenen Konfessionen in ihrer unterschiedlichen Prägung eine Lebensgemeinschaft verwirklichen könnten, wurde intensiv besprochen. Denn schon bei den Kirchentagen war deutlich geworden, dass das Miteinander der Konfessionen erlebbar gemacht werden muss – am besten an einem konkreten Ort. Eine Vision erstand vor den Augen der vom Geist Gottes erfüllten Gruppe: Ein Zentrum, in dem aus jeder großen christlichen **Konfession** Menschen zusammen leben, um sich in dieser Gemeinschaft kennenzulernen, ohne sich ineinander aufzulösen.

Als „**Konfession**" (dt.: „Bekenntnis") bezeichnet man Gruppierungen innerhalb des Christentums, die sich zwar nicht durch ihre Glaubensgrundlagen, wohl aber durch unterschiedliche Ansichten in Einzelfragen unterscheiden, also etwa im Verständnis des Abendmahls, der Taufe oder der Kirchenverfassung. In Deutschland unterscheidet man vor allem zwischen evangelischer und katholischer Kirche, wobei aber die evangelischen Kirchen sich noch einmal in eine lutherische und reformierte Konfession unterteilen. Neben den „großen" Konfessionen gibt es aber in Deutschland auch viele andere, darunter orthodoxe, orientalische und freikirchliche.

Es war die Vision von der Gemeinde Jesu, die erst erfüllt ist, wenn alle daran Anteil haben – jeder in seiner eigenen Ausprägung. Eine schwere Aufgabe. Der lange gehegte Wunsch einiger Mitarbeiter des Marburger Kreises nach einem eigenen Seelsorge- und Schulungsheim zur Nacharbeit mit Tagungsgästen wurde zur gleichen Zeit laut. Auch die Rufer suchten schon seit Langem nach einem solchen Zentrum.

Auch Pater Eugen Mederlet – ein **Franziskanerpater** – mit seiner Gemeinschaft „AEK" (Aufbaugemeinschaft Eine Kirche) hielt die Augen offen für eine solche Möglichkeit. Welche Ausstrahlung Pater Eugen Mederlet besessen haben muss, spiegelt sich gut in den Worten von Johannes Freiherr Heereman wider: *„Ich habe Pater Eugen 1968 in Craheim kennengelernt, als meine Frau und ich mit meinen späteren Schwiegereltern an einem Einkehrwochenende zum Thema „Himmel" teilgenommen haben. Seither ist für mich der Himmel ein lebendiger Ort mit großer Anziehungskraft. Von 1973 bis 1976 wohnten wir in der Rhön und waren immer wieder im Franziskushof in Craheim. Ich habe dort die schönsten geistlichen Erfahrungen meines bisherigen Lebens gemacht. Wenn ich 24 Stunden in Craheim war, dann stellte sich bei mir eine unbeschreibliche Freude ein, die bis zur Abreise anhielt. Das ging so über drei bis vier Jahre. Die Vorträge von Pater Eugen fand ich zum Teil schwer verständlich, aber sie erfüllten mein Herz und machten mich glücklich. Ich hätte ihm stundenlang zuhören können. Dieses sich nach einem Tag einstellende Gefühl der Gottesnähe kam so zuverlässig, dass ich mir sicher war, diesen Schatz für immer zu besitzen. Das war natürlich ein Irrtum. Aber mein Glaube wird auch heute noch von dieser Erfahrung gespeist."*

Auch meine Mutter Johanna, die zweite Tochter von Albrecht und Marie-Louise, denkt gerne an Pater Eugen Mederlet zurück. Bei und mit ihm führte sie die entscheidenden Gespräche, um später zum Katholizismus konvertieren zu können.

> Der katholische Orden der **„Franziskaner"** entstand aus der von Franz von Assisi (1181–1226) ins Leben gerufenen Bruderschaft und wurde 1223 als „Orden der Minderen Brüder" von der katholischen Kirche anerkannt. Der Orden ist geprägt durch den Gedanken des einfachen Lebens und widmet sich vor allem der Predigt des Evangeliums, dem geistlichen Leben sowie der Seelsorge- und Sozialarbeit.

Pater Eugen Mederlet, Ökumeniker der ersten Stunde, schrieb Folgendes: *„Viele scheinen heute zu meinen, die Einheit der Kirche komme dadurch zustande, dass man vom christlichen Glauben einfach weglässt oder für unwichtig erklärt, was nicht alle gemeinsam glauben können. Das heißt mit anderen Worten: Jeder Christ kann über die Offenbarung der göttlichen Wahrheiten und über die Sakramente, die Christus der Kirche geschenkt und anvertraut hat, willkürlich verfügen, um so die Einheit zu machen. Man kann die göttliche Wahrheit ebenso wenig manipulieren wie die Naturgesetze. Soll da die Einheit der Kirche, die der Leib Christi ist, durch Willkür entstehen? Der Ungehorsam und die Eigenwilligkeit, die heute durch die Kirche gehen, sind das Unökumenischste und die Einheit Zerstörendste, das es geben kann. Ökumenisches Handeln hat zwei wichtige Voraussetzungen:*

1. Die gläubige Ehrfurcht vor der göttlichen Wahrheit, die Christus ist, über die wir nicht verfügen können, und
2. die liebende Rücksicht auf die Glaubenserkenntnis des anderen. Wenn die Bischöfe gemeinsame Abendmahls- bzw. Eucharistiefeiern nicht gestatten, ist das kein unökumenisches Verbot; es ist vielmehr Rücksicht auf den anderen Glaubensstand der Nichtkatholiken und Wahrung der Freiheit des unseren. Vor allem aber ist es Treue zu Christus, der sich in diesem heiligsten Sakrament den Händen der Kirche ausgeliefert hat. Die Einheit der Kirche ist, wie sie selbst, ein Wunder des Heiligen Geistes aus dem geöffneten Herzen Christi. Durch eigenwilliges Machen wird dieses Wunder verdrängt; nur anbetender Gehorsam bereitet ihm den Weg, so wie die Demut der Magd des Herrn die Menschwerdung des Sohnes Gottes empfing."[7]

Mein Großvater unterstreicht den Enthusiasmus, der damals in Craheim herrschte, deutlich: *„Das ist die Frucht von Königstein! Wir waren auf die Einheit ausgerichtet! Wir waren überzeugt: Das muss jetzt für viele erlebbar gemacht werden ..."* Und meine Großmutter fügt hinzu: *„Dafür wollten wir gemeinsam etwas tun. Leiter sollten dort Hilfe und Zurüstung, das heißt Stärkung für die Arbeit in ihren Gemeinden, finden. Das war uns sehr wichtig."*

Als im Juni 1968 bei einem Treffen in Castell der Name „Craheim" fiel, wurde nicht lange gefackelt und dem Schloss des Crafft Freiherrn Truchsess von Wetzhausen ein Besuch abgestattet. Idealer hätte ein Ort kaum sein können. Ein großes, gut erhaltenes Schloss mit einigen Wirtschaftsgebäuden und etwas Land, umgeben von einem wunderbaren Park. Es schien ideal zum Wohnen zu sein, gleichzeitig genug Platz für Tagungen und Gäste zu bieten. Da Baron Truchsess selbst auf einer Tagung klar geworden war, dass er sein leer stehendes Schloss einem christlichen Zweck zur Verfügung stellen sollte, wurde die Idee rasch in die Tat umgesetzt. Er hatte auf einer Tagung des Marburger Kreises mit der klaren Aussage „Ich und mein Haus wollen dem Herren dienen" zum persönlichen Glauben gefunden. Gemeinsam mit seiner Frau Elisabeth beschloss er, sich auf dieses Projekt einzulassen. Voller Hoffnung und Tatendrang wurde daran gearbeitet, das Werk umzusetzen. Aus der Vision wurde Wirklichkeit.

Siegfried Eisenmann, ein Mann der ersten Stunde in Craheim, der bis heute dort lebt und arbeitet, erzählt, wie es damals gewesen ist: *„Am 20. August 1968 sind wir hier eingezogen. Wir waren am Anfang fünf Leute. Ich weiß das Datum noch so genau, weil ich nachts im Radio vom Einmarsch der Warschauer Pakt-Staaten in die Tschechoslowakei hörte und nach der Nachricht das Pausenzeichen kam – der Kontakt war abgeschnitten. Dann haben wir in den folgenden Wochen hier aufgebaut – die Verlagsarbeit lief nebenher. Räume wurden ausgebaut, die Wohnungen renoviert etc. Alles war ein bisschen vergammelt. Das Schloss hat ja lange leer gestanden. Viele ‚Marburger' aus der Umgebung kamen und haben uns geholfen. Es ging alles sehr schnell mit dem Aufbau. Es wurden auch gleich die ersten Zimmer für Gäste renoviert, damit bald Tagungen stattfinden konnten."*

* * *

Albrecht, der eine Triebfeder dieser Unternehmung war, wurde am 1. Juli 1968 in Königstein zum ersten Vorsitzenden des Ökumenischen Dienstes berufen. Zögernd, aber auch aufgrund seiner Einstellung, verantwortungsvollen Aufgaben nicht auszuweichen, nahm er an.

Der Marburger Kreis beteiligte sich nicht institutionell am „Lebenszentrum für die Einheit der Christen", kann aber durchaus als einer der Geburtshelfer bezeichnet werden. Am 28. Juli 1968 lud Albrecht viele Freunde und Bekannte aus dem fränkischen Raum zu einem Treffen auf Schloss Craheim ein, um sie mit dem ökumenischen Anliegen des Zentrums bekannt zu machen und um Spenden zu sammeln. Das Projekt musste sich finanziell selbst tragen.

In dieser Zeit entstand eine gewisse Distanz zum Marburger Kreis. Als Albrecht 1969 nicht mehr in den Vorstand des Marburger Kreises gewählt wurde, konzentrierte er sich vollständig auf Craheim. Seine Verbindung zu dem neuen Werk und zu den ökumenisch-charismatischen Strömungen wurde auch als Grund für die Nicht-Wiederwahl angegeben. Gleichzeitig nahm die Mitarbeit meiner Großeltern auf Tagungen des Marburger Kreises ab, weil die beiden das Gefühl hatten, dass ihr Engagement nicht mehr erforderlich sei, da sich auf Tagungen mehr Mitarbeiter anmeldeten, als Plätze für ihren Einsatz vorhanden waren.

Ingeborg Edel, die Frau von Reiner-Friedemann Edel, fand das verständlich: „*Diese Arbeit kann man nur ganz oder gar nicht machen. Wenn man da eintritt, dann muss man sich total der Sache hingeben. Es gibt so viele Bewegungen im Reich Gottes. Mein Mann und ich gehören ja auch zur ‚Bruderschaft vom Gemeinsamen Leben', und da ist es dann schwierig, das zu koordinieren ... das geht eigentlich gar nicht.*" Albrecht und Marie-Louise waren nicht die Einzigen, die die „Grundschule des Glaubens" hinter sich ließen und neuen Herausforderungen entgegengingen. Was von manchen als Abwendung empfunden wurde, kann man auch als Weiterentwicklung werten, die von Gott so geführt wurde. Viele Jahre später sollte sich der Kreis wieder schließen, als im 21. Jahrhundert der Kontakt zum Marburger Kreis wieder intensiviert wurde. Aber dazwischen liegen für meine Großeltern viele spannende Jahre und Begegnungen.

* * *

Albrecht und Marie-Louise fuhren in den nächsten Monaten sehr regelmäßig nach Schloss Craheim. Albrecht mehr wegen seiner Vorstandsaufgaben und Marie-Louise häufig, um praktische Arbeiten zu erledigen. Fast wöchentlich waren sie zu einer meist ganztägigen Arbeitssitzung dort.

„Das war auch ein Problem", erzählt Siegfried Eisenmann. *„Zum Teil hatten wir hier viele innerliche Veränderungen – also einfach im täglichen Miteinander. Es war turbulent und anstrengend, aber wir waren begeistert. Es gab eine sehr große Gruppe, die sich wöchentlich traf und die sich alle auf die eine oder andere Weise dazugehörig fühlten. Bis die alle sieben Tage wiederkamen, hatte sich allerdings schon wieder so viel bei uns, die wir hier ständig lebten, geändert. Die anderen bekamen manchmal nur das mit, was gerade nicht so gut lief. Der Leitungskreis traf sich jeden Dienstag hier – da kam auch das Ehepaar Castell. Dann wurde alles besprochen – wie es weitergeht, wie es steht. Sie haben hier sicher sehr viel gelernt und sehr viel schlucken müssen."*

Entscheidungen mussten getroffen werden – von der Farbe der Handtücher in den Bädern bis hin zu ersten Tagungsplanungen. Großzügige Spenden ermöglichten, dass das Schloss geschmackvoll eingerichtet werden konnte. In einem Brief an Larry Christenson 1968 schreibt Albrecht: *„Unser Aufbau in Craheim ist gut vorangekommen. Die Probleme, die sich uns gegenseitig im Zusammenleben und im Einander-Annehmen stellen, sind noch nicht alle gelöst und überwunden. Das war gelegentlich schmerzvoll, aber wir haben daraus gelernt, dass nicht nur Sympathie, sondern der Auftrag Gottes, den wir gemeinsam übertragen bekommen haben, eine Grundlage für die gemeinsame Arbeit sein kann. Es ist ja auch eine Erfahrung, dass Menschen charakterlich und in ihrem Wesen nicht einfacher werden, wenn sie Christen sind. (...) Dass wir noch keine Form der gemeinsamen Buße gefunden haben, ist für mich ein Hauptgrund mancher Schwierigkeiten."*

Es gab zwar die Bereitschaft, sich immer wieder aufeinander einzulassen und Jesus in die Mitte zu stellen. Eine Form der gemeinsamen **Buße** wurde aber auch nach langem Suchen nicht gefunden und das Problem blieb bestehen.

Der Begriff der **Buße** ist in der heutigen Welt missverständlich geworden und klingt vor allem nach „Strafe". Der biblische Begriff der Buße bezeichnet jedoch einen sehr komplexen Prozess der inneren Neuorientierung und Abwendung von falschen Überzeugungen oder Handlungen. Der hebräische Begriff „tshuva" bedeutet übersetzt so viel wie „Umkehr", „Wendung", „Neuanfang". Die griechische Übersetzung als „metanoia" bringt den Gedanken des „Umdenkens" bzw. der „Einstellungsänderung" hinzu. In der jüdischen Tradition ist solche „Umkehr" wichtige Voraussetzung für Vergebung: Nur da, wo ein wirklicher Prozess der Veränderung und Erneuerung einsetzt, kann Vergebung geschehen und greifen. In der christlichen Tradition schließt der Prozess der Buße verschiedene Schritte ein: „contritio coris", die aufrichtige innere Reue und Neuorientierung, „confessio oris", das offene Aussprechen von Schuld im Seelsorgegespräch, in der Beichte oder in einer Gemeinschaft, sowie „satisfactio operis", die Bereitschaft, entstandenen Schaden wiedergutzumachen und falsches Verhalten dauerhaft zu ändern.

Dennoch konnte weiterhin eine reich gesegnete Tagungsarbeit durchgeführt werden. Die Bereitschaft zur Buße des Einzelnen stand im Vordergrund. Viele Menschen gingen bereichert von Craheim wieder nach Hause. Sixtina Prinzessin zu Waldeck erzählt, wie sie damals mit ihrem Mann Georg Friedrich, einem Cousin meiner Großmutter, nach Craheim kam – ihre Ehe stand kurz vor dem Aus: *„Wir wurden in Craheim als Notfall eingeliefert! Wir sind ohne Vorstellung, was uns da erwarten würde, hingefahren. Unter dem Motto: Schaden kann es ja nicht."* Georg Friedrich fügt hinzu: *„Das war der Anstoß. Quasi der Auslöser, dass wir gesagt haben, wir versuchen es noch einmal miteinander. Und da haben wir auch gesagt: Jesus Christus – Herr unseres Lebens. Damit haben wir angefangen. Es war ein Prozess, der über Jahre ging."* Es ist eine lange, sehr ergreifende Geschichte, die die beiden mir über ihre Ehe erzählen: Sie sind sich einig und sehr dankbar, dass Gott ihnen damals eine neue Chance gegeben hat.

Bis heute ist Craheim ein fruchtbarer Ort. Es werden Tagungen zu verschiedensten Themen angeboten. Eheseminare, Heilungsseminare oder therapeutische Seelsorge, Fasten-Tagungen und Wochenenden in unterschiedlichster Gestaltung[8].

In den folgenden Jahren war es mehr Marie-Louise, die aktiv bei den Tagungen in Craheim mitarbeitete. Sie empfand es *„auch als Freiheit, allein zu den Tagungen hinfahren zu können"*, wusste sie doch, dass Albrecht sie darin unterstützte. Besonders bei den Fasten-Tagungen, die sie mit dem dortigen Pfarrer Dieter Koller zusammen leitete, lernte sie viel, was sie bis heute praktiziert und weitergibt. *„Auf diesen Tagungen geschieht viel Heilung und Befreiung, indem man sich Gott eine Zeit ganz zur Verfügung stellt"*, erklärt sie. Während eines Tanzkurses gab sie in Craheim auch ihren ersten Anstandsunterricht. Auf humorvolle Weise brachte sie den Beteiligten bei, wie man sich verhält, kleidet und isst. *„Bei einem solchen Kurs war auch einmal ein Berliner, so ein frecher Vikar aus Berlin dabei, der während des Unterrichts immer motzte. Und am Abend, während des Festbüffets, puffte er mich dann in die Seite und meinte: ‚Ist doch 'ne dufte Sache so'"*, erzählt meine Großmutter und muss bei der Erinnerung lachen. Durch die Mischung von Gebetszeiten und geistigem Programm waren es gern besuchte Kurse. Lange Jahre führte meine Großmutter diesen Anstandsunterricht auch für neue Angestellte der Castell-Bank durch.

* * *

Der Kontakt zu Arthur Richter blieb bestehen, obwohl dieser dem „Lebenszentrum für die Einheit der Christen" sehr skeptisch gegenüberstand. Meine Großmutter erzählt, dass sie einen sehr humorvollen Umgang miteinander hatten. Einmal bedankte sie sich bei Arthur Richter, weil dieser mit seiner Ablehnung der Arbeit in Craheim viele Menschen gerade neugierig darauf machte. *„Schimpfen Sie mal wieder ordentlich, dann bekomme ich wieder mehr Anmeldungen"*, sagte sie zu ihm. Er nahm es mit Humor.

Als Albrecht den Vorsitz in Craheim abgab, wurde Pfarrer Manfred Kiesig, der damalige Dekan von Aschaffenburg, sein Nachfolger. Das evangelische Pfarrerehepaar Dieter und Susanne Endres hatte die geistliche Leitung des Zentrums übernommen und führte Ehe-Tagungen ein. Diese Eheseminare, an denen auch sehr viele Pfarrer-Ehepaare teilnahmen, waren sehr gesegnet. Da das Pfarrergehalt von der bayerischen Landeskirche bezahlt wurde, war das mehrfach vorgebrachte Argument: *„Eine geheilte, nicht zerbrochene Pfarrersehe rechtfertigt diese Ausgabe."* Derzeit leitet Pfarrer Heiner Frank das Haus.

* * *

Es ist wohl nicht verwunderlich, dass das Wagnis des „Lebenszentrums für die Einheit der Christen" erst einmal zu einer Demonstration christlicher Zwietracht wurde. Im täglichen Zusammenleben traten Profile und Konturen der Konfessionen nicht etwa in den Hintergrund, sondern nahmen noch an Deutlichkeit und Gewicht zu. Doch die „zweite Generation", die sich in Craheim niederließ, verwandelte die illusionäre Vision in ein praktikables ökumenisches Modell. Angestrebt wurde keine Symbiose, sondern eine neue Basis im eigenständigen Miteinander.

„Die ursprünglichen Probleme", bestätigt mein Großvater, *„sind bis heute nicht vollständig gelöst."* Aber bei ständigem

Wachstum ist auch ständige Reibung nicht verwunderlich. Mittlerweile hat das Zentrum viele Krisen „überlebt" und ist beinahe 50 Jahre alt. Es gibt berechtigte Hoffnung, dass es auch weiterhin funktionieren kann. Durch die Arbeit und die Tagungen wurden viele Menschen reich gesegnet, was auch stark in die Kirchen hineinwirkte. Die Arbeit ist nicht laut oder medienträchtig. In der Stille und Ruhe liegt die Kraft. Immer wieder haben die dort Ansässigen mit denselben Problemen zu kämpfen – keine der Konfessionen will und soll sich von ihrer Mutterkirche lösen. Seit einiger Zeit ist beispielsweise der Franziskushof verwaist, was bedeutet, dass die katholische Beteiligung am Lebenszentrum sehr schwach ist. Der alteingesessene Craheimer Siegfried Eisenmann betont jedoch: *„Was wir als Lebensgemeinschaft hier im Schloss wollen, ist, dass das katholische Element nicht verloren geht. Die Kapelle ist also noch in Betrieb und einmal im Monat kommt der Stadtpriester und liest eine Messe. Damit wir das nicht ganz schließen müssen. Wir machen dienstags immer die Andacht unten in der Kapelle. Die Umgebung hat sehr darauf geachtet, dass hier auch etwas Katholisches bleibt. Die Leiterin der Kommunität ‚Jesu Weg' ist katholisch und betreut das auch mi*t." So bleibt alles in ständiger Bewegung und Entwicklung. Es ist nicht einfach, aber in diesem kleinen Kreis ist man immerhin gewillt und dabei, das Miteinander zu pflegen und vor den Problemen nicht davonzulaufen, auch wenn ein perfektes Modell für die Gemeinschaft bisher nicht gefunden wurde.

* * *

Von manchen Illusionen mussten sich meine Großeltern in dieser Zeit trennen, aber die Vision und das Durchhaltevermögen blieben und brachten Frucht. Meine Großmutter erklärt, dass sie als Schirmherren für die geistlichen Brüder nach Craheim berufen worden waren und zwischendurch mit dem Schirm ganz alleine dastanden. Alle, die am Anfang mit dabei waren, gingen fort. Der Dienst war häufig auch zeitlich begrenzt. Dann kamen neue Menschen ins Zentrum. Jeder der kam, leistete gute Arbeit und brachte sich mit seinen Gaben in das Lebenszentrum ein. Albrecht und Marie-Louise hielten den Schirm auch in Krisenzeiten hoch. „*Für mich ist Craheim der Ort, an dem ich sehr große, wenn nicht die größten Glückserlebnisse hatte und zugleich meine tiefsten Demütigungen erlebt habe. Trotzdem bin ich nie unsicher geworden, dass der Auftrag dieses Lebenszentrums weiter gilt, die Arbeit fortgesetzt werden muss und ich auch dabeibleiben möchte*“, fasst mein Großvater das Thema zusammen.

Im Sommer 2014 ziehen sich Marie-Louise und Albrecht schließlich aus dem Verein zurück und beenden ihre Mitgliedschaft. Dies geschieht in einem anhaltenden Prozess des Loslassens und Abgebens, in dem sich die beiden momentan noch immer befinden. Mein Großvater hat immer gerne Verantwortung übernommen und getragen. Nun ist es an der Zeit, langsam loszulassen. In dankbarer Erinnerung an bewegte und gute Zeiten erfahren doch beide, dass es gut ist, sich letztendlich zu lösen und den Weg für die Nachkommenden vollständig freizuräumen.

Schon zu ihren aktiven Zeiten im Marburger Kreis hatten meine Großeltern das Ehepaar Werner und Erika Bangel in der gemeinsamen Mitarbeit kennengelernt. Durch diese Bekanntschaft führte der Weg meine Großeltern später nach Gnadenthal.

Kapitel 5

Jesus-Bruderschaft

Porta patet – magis cor
Die Tür steht offen – mehr noch das Herz

Wahlspruch der Zisterzienser

(Gnadenthal und Volkenroda stehen auf dem Boden
ehemaliger Zisterzienserklöster)

Die **Jesus-Bruderschaft** ist eine kommunitäre Lebensgemeinschaft von ledigen Brüdern, ledigen Schwestern und Familien. Die Jesus-Bruderschaft entstand 1961 – kurz nach dem Bau der Berliner Mauer – als Lebensgemeinschaft zölibatär lebender Männer. 1964 bildete sich die Schwesternschaft, 1968 die Familiengemeinschaft und 1972 eine Gemeinschaft alleinstehender Frauen. 1969 siedelte sich die Jesus-Bruderschaft im hessischen Dorf und ehemaligen Zisterzienserinnenkloster Gnadenthal im Taunus an. Sie hat die Berufung, Christen an verschiedenen Orten zu sammeln, um gemeinsam das Leben aus dem Evangelium zu gestalten. Dabei knüpft sie an die Tradition von Orden und geistlichen Gemeinschaften, wie z. B. den Zisterziensern, den Jesuiten und der Herrnhuter Brüdergemeine (Zinzendorf) an und ist von Impulsen aus dem Lebenswerk Dietrich Bonhoeffers, Romano Guardinis und Martin Bubers inspiriert. Ihre Berufung ist das Gebet und das Leben für das Einssein des Volkes Gottes. Die Mitglieder der Jesus-Bruderschaft kommen aus unterschiedlichen Kirchen und Konfessionen, denen sie zugehörig bleiben. Als eingetragener, gemeinnütziger Verein ist sie Mitglied im Diakonischen Werk in Hessen und Nassau sowie in Thüringen und Sachsen. Sie ist ebenfalls Träger der freien Jugendhilfe in Hessen, Sachsen und Thüringen.[9]

Mutter Bangel, wie Erika Bangel von allen respekt- und liebevoll genannt wird, ist eine reizende alte Dame mit einer sehr herzlichen Ausstrahlung. Ich habe sie in ihrer Wohnung in Bad Camberg besucht und sie erzählte mir, wie es mit Gnadenthal begonnen hat. Sie und ihr Mann gehören zu den Gründern der Kommunität. Sie wird auch *Mutter Bangel* genannt, weil sie die Leiterin der dort lebenden Schwesternschaft war. Über die Entstehung und Entwicklung von Gnadenthal hat mir Erika Bangel Folgendes erzählt:

„Angefangen hat alles mit Pfarrer Bittlinger, unserem Gemeindepfarrer, der uns mit den beiden ersten Jesus-Brüdern bekannt gemacht hat. Sie lebten in Ostfriesland – ein Pfarrer und ein Polizist. Diese beiden Männer hatten angefangen mit dem gemeinsamen Leben als ledige Brüder und suchten Anschluss. Mein Mann und ich hatten innerlich schon immer mal gedacht, wir müssten ganzheitlich für Jesus leben. Das wusste Arnold Bittlinger und stellte uns daraufhin die Brüder vor. Diese kamen und blieben in unserem Haus. Die Impulse und Ideen waren gut – sprachen uns an. Wir lebten damals in einem großen Haus in Ludwigshafen mit 14 Zimmern. Eigentlich viel zu groß für unsere kleine Familie – meinen Mann, unsere drei Töchter und mich. Wir hatten es aber schon mit dem Eindruck gekauft, dass wir den Platz brauchen würden.

Die Brüder blieben letztendlich einfach bei uns. Das waren die ersten Anfänge der Gemeinschaft. Erst waren sie nicht mehr als Gäste in unserer Familie, übernahmen aber stillschweigend immer mehr die geistliche Führung. Unser Tag wurde in Gebetszeiten eingeteilt, an denen wir immer teilnahmen. Das war etwas ganz Neues. Für unsere Familie hat sich dadurch alles verändert.

Auch hatten wir ab sofort eine gemeinsame Kasse. Die beiden hatten kein Geld, also hat mein Mann sie mitversorgt. Wir haben dann erste Tagungen veranstaltet – ganz kleine in unserem Haus. Ich kochte und sie lehrten. Schließlich kamen mehr, auch junge Mädchen, die dann blieben und sich der Bruderschaft anschlossen. Das Haus platzte bald aus allen Nähten. Es war eine Zeit der Erweckung in der Pfalz – sagenhaft."

Mutter Bangel, mit der ich am Esstisch sitze und die mich zwischendurch immer wieder ermutigt, mich doch zu bedienen, hat eine angenehme, ruhige Erzählstimme, aus der deutlich ihre Begeisterung klingt, als sie sich an die Anfänge der Bruderschaft erinnert. Immer wieder huscht Heiterkeit über ihr Gesicht. Trotz ihres hohen Alters wirkt sie sehr jung, als sie fortfährt:

„Die Brüder kamen dann schließlich zu mir und baten mich, die geistliche Mutterschaft für die Mädchen, die der Gemeinschaft beitraten, zu übernehmen. Ich ging drei Wochen in die Stille, um Gott zu fragen, ob ich diese Aufgabe übernehmen sollte. Ich hatte schließlich Kinder und war keine zölibatäre Frau. Wie sollte ich diese Schwestern führen? Als die Brüder schließlich wissen wollten, was Gott denn in der Stille geantwortet hätte, konnte ich nur antworten ‚Er hat nicht Nein gesagt'."

Bei diesen Worten schmunzelt Mutter Bangel vergnügt in sich hinein. Sie fügt später noch hinzu, dass Gott in jeder Anfangsphase die Gnade schenkt zu handeln, ohne zu überlegen. Wenn man älter wird, muss man länger überlegen, wägt ab, zögert. Um dann etwas doch zu bejahen, erfordert es Größe. Auch die schenkt Gott, meint sie. Ich spüre, dass die Betrachtungen ihr Freude bereiten:

„Mit dem Einverständnis meiner Familie stimmte ich zu. Das hatten die beiden Brüder bereits erwartet und schon ging es los. Wir legten uns eine Tracht zu. Das lehnten meine Kinder anfänglich sehr ab. Sie fanden es empörend, dass ich meine schönen bunten Kleider nicht mehr tragen würde. Die Schürzen der neuen Tracht wurden in Mannschaften des Marburger Kreises genäht. Die Brüder trugen graue Westen und wir glichen uns mit unserer Tracht an sie an. Das sah gut aus! Das Ganze ist richtig gewachsen. Sogar meine Töchter traten dann in die Schwesternschaft ein. Es wurde eine richtige Familienkommunität. Ledige, Paare, Kinder, Priester und Laien. Die Vielfältigkeit führte natürlich auch zu Spannungen und Problemen, aber das ist in Familien ja nicht anders. Die Entscheidung zu zölibatärem Leben muss immer wieder bewusst getroffen werden. Das war für viele – gerade für die jungen Frauen – nicht leicht, wenn sie die Familien und die Kinder sahen. Später lösten meine Töchter sich aus der Gemeinschaft, was zu einem sehr verspäteten und schmerzhaften Abnabelungsprozess führte.“

Das Junge ist aus ihrem Gesicht gewichen und man merkt ihr an, dass ihr diese Erinnerung nach wie vor wehtut. Die Jahre in der Bruderschaft haben sehr viel Gutes und auch sehr viel Schmerzhaftes gebracht. Mutter Bangel ist sich jedoch sicher, dass dies alles zusammengehört. Dass man häufig nur im tiefsten Schmerz die Gnade Gottes vollständig zu spüren bekommt. Vielleicht, so meint sie, ist es Gottes Absicht, dass er uns durch Krisen und Tiefen schneller zu sich ziehen kann, als wenn es uns gut geht. Da kann ich ihr nur zustimmen. *„Gnadenthal wurde dann gekauft, weil Ludwigshafen zu klein wurde?“*, lenke ich das Thema auf Gnadenthal.

„Ja, die 14 Stuben waren bald voll. Da haben wir dann ein Grundstück gesucht und Gnadenthal gefunden, 1969 war das. Mein Mann und Bruder Gerhard suchten nach einem geeigneten Haus. Wir hatten aber nur sehr wenig Geld. In Gnadenthal stand damals ein Bauernhof zum Verkauf an und wurde uns weit unter dem eigentlichen Wert angeboten, woraufhin die Verantwortlichen gleich zuschlugen. Das Geld hatten wir allerdings auch dafür nicht. Aber es war ein wunderschönes Grundstück mit Häusern drauf. Die ersten Raten bezahlten wir vom Verkauf unseres Hauses in Ludwigshafen. Das muss man sich mal überlegen: Meine Kinder hatten kein Erbe mehr – wir haben alles da reingesteckt. Dort in Gnadenthal lebten wir dann auf Taschengeldbasis und keiner verfügte über eigenes Geld."

Sie schaut nachdenklich aus dem Fenster, als ich die nächste Frage stelle: *„Haben Sie sich davon auch eingeschränkt gefühlt? Oder war das Freiheit?"* Erst schweigt sie, als müsse sie die Antwort tief in sich suchen. Dann meint sie mit fester Stimme:

„Ich weiß es nicht. Es war eine bewusste und freie Entsagung. Ich habe manches schon vermisst – vor allem wegen meiner Kinder. Als meine Töchter austraten, hatte ich kein Geld, um sie zu unterstützen. Das tat weh und ist mir sehr schwergefallen. Ausgeschiedene Geschwister wurden mit einer kleinen Auszahlung abgefunden. Ich habe meine Kinder nicht bevorzugt, da ich ja Schwester und Mutter für alle war. Da war ich loyal bis zur Selbstverleugnung. Ich bin da auch durch tiefe Täler gegangen. Aber ich wusste, dass es die richtige Entscheidung gewesen war. Gottes Ruf für uns. Das hat sich auch bestätigt: Meine Kinder stehen nach wie vor im Glauben und sind gesegnet, auch wenn es nicht leicht ist. Gott hat es mit mir sehr gut gemeint, aber es gab auch bittere Jah-

re. Das wissen deine Großeltern sehr gut, ich hatte immer wieder Kontakt zu ihnen. Zum Beispiel, als ich dann nach 25 Jahren zurückgetreten bin und die Leitung an andere Schwestern übergeben habe. Da mussten wir, mein Mann und ich, Gnadenthal verlassen. Das war sehr schlimm für uns. Das war wie ein tödlicher Schlag. Wir hatten ja damals die ersten Raten für den Hof in Gnadenthal vom Geld unseres Hauses bezahlt. Das war unsere Heimat. Gnadenthal war unser Leben. Damit meine ich weniger den Ort als die Gemeinschaft. Das war dann wieder eine bewusste Demutsentscheidung, diese Bestimmung anzunehmen. Wir haben die Aufgabe bewusst wahrgenommen und genauso bewusst mussten wir sie auch wieder abgeben. Wir hätten uns ja auch streiten oder austreten können. Das kam jedoch nicht infrage. Aber plötzlich waren wir allein – ohne die Gemeinschaft. Das war wie Exil. Es gab damals auch einen Bruch, der bis heute spürbar ist. Und dann waren wir zwei allein – mein Mann und ich – wir hatten keine Struktur mehr. Wir mussten uns völlig neu zurechtfinden. Kurz vor seinem Tod hat mein Mann mir noch einmal für die vielen Jahre gedankt und er hat gesagt: ‚Mutter – es war alles richtig.‘ Das hat mir sehr geholfen in der Trauer. Dass er es persönlich auch so empfunden hat: Es war trotz der schweren Zeiten der richtige Weg!"

Vergebung war für Mutter Bangel in ihren späten Jahren ein großes Thema. Tiefe Verletzungen waren mit der Trennung von Gnadenthal einhergegangen. Sie musste lernen, dass man Gott Zeit für die Heilung geben muss. Und es hat Zeit gebraucht, aber Gott hat Heilung geschenkt. Ich kann es nicht anders beschreiben, aber aus ihren Augen leuchtet Barmherzigkeit und auch Verständnis für das, was sie nicht versteht. Es kommt von Herzen, als sie unser Interview mit den Worten abschließt: *„Ich bin eine glückliche alte Frau ... Gott hat es wirklich gut mit mir gemeint. Es ist ein geschenkter Friede, der mit dem Verstand nicht zu packen ist."*

Erika Bangel verstarb am 22.04.2012 in Bad Camberg im Alter von 92 Jahren. In einem Nachruf, der im Namen ihrer Familie und der Jesus-Bruderschaft verfasst wurde, heißt es: *„Nach einem vom Kreuz gezeichneten Lebensweg ist sie nun ganz im Osterlicht geborgen."*

* * *

Bereits in Ludwigshafen und im Marburger Kreis sind meine Großeltern Ehepaar Bangel begegnet. Von Beginn an haben sie die Entwicklung der Gemeinschaft freundschaftlich mitverfolgt. Im Gespräch mit Mutter Bangel wurde es schon erwähnt und meine Großeltern bestätigen es noch einmal: Es sind und bleiben die zwischenmenschlichen Beziehungen, die das Leben ausmachen. Strukturen können beschrieben, Werke analysiert werden, aber nur die Beziehung zum Nächsten lässt tatsächlich Gemeinschaft entstehen. Gnadenthal ist ein Ort, an dem Räume geschaffen wurden, um Beziehungen aufzubauen. Meine Großeltern und Mutter Bangel waren in tiefer Freundschaft miteinander verbunden. So hat mich mein Großvater auch sehr dazu ermutigt, mit Mutter Bangel zu sprechen. Seine persönliche Beziehung zu Gnadenthal beschreibt er wie folgt: *„Ich habe aus Gnadenthal nichts Wesentliches für meinen persönlichen Glauben mitgenommen. Mich dort zu engagieren hat mir aber in anderer Weise sehr viel gebracht: Die sehr persönlichen und tief gehenden Gespräche und schließlich die Freundschaften mit Günter Oertel, Andreas Felger, Bernd Hanke, den Brüdern*

Helmut und Franziskus, Karl-Heinz Michel und Jens Wolf. Was mich im Blick auf Gnadenthal beschäftigt hat, sind Aufgaben: Begleitung, Mitarbeit in Gremien und Erfahrungsaustausch. Ich bin sehr oft um Rat oder meine Meinung gefragt worden. Meine erste Aufgabe war es, in der Präsenz-Treuhand mitzuarbeiten, in der alle Darlehen für Gnadenthal verwaltet wurden."

Mein Großvater fährt fort: *„Für mich war Gnadenthal die lebendigste junge geistliche Bewegung, die auch jeweils das Nötige und Richtige der Zeit erkannt und umgesetzt hat. Die erste Idee, die dort praktiziert wurde, war: Ein Angebot für junge Leute, die Beruf-Findungsprobleme hatten. Sie konnten dort arbeiten und Erfahrungen sammeln, am geistlichen Leben in der Bruderschaft teilnehmen und in der Landwirtschaft, im Verlag, beim Bauen und vielem anderen helfen. Es gab ein reiches Feld an Betätigungsmöglichkeiten. Dann kamen schließlich die Familienforen. Junge Eltern mit ihren Kindern wurden eingeladen. Unsere Kinder und Enkel haben teilweise auch daran teilgenommen. Es gab Raum, unter geistlicher Begleitung, im wechselseitigen Gespräch und Austausch Erziehungsprobleme, Eheprobleme etc. zu besprechen."*

Wie ich aus eigener Erfahrung berichten kann, haben meine Familie und ich selbst von einem der Familienforen profitiert. Ich erinnere mich noch, dass wir mit der ganzen Familie dort gewesen sind. Jede Altersstufe setzte sich auf ihre Weise mit dem Glauben auseinander. Es war schön, mit welcher Selbstverständlichkeit sich dort alle Generationen im Gebet vereint haben. Ich weiß noch genau, wie wir mit einer Kindergruppe den Fall der Mauer Jerichos mithilfe eines plattgeregneten Weizenfeldes nachahmten. So etwas prägt und bleibt im Gedächtnis.

„Und schließlich kam die Sommerakademie. Die Förderung von guten internationalen jungen Menschen – Spitzenleuten. Diese zusammenzuholen, um sie geistlich und theologisch anspruchsvoll zu begleiten und zu informieren, war das Konzept. Tolle Idee!" Meine Großmutter fügt hinzu: *„Es herrschte immer eine freundschaftliche Nähe und wir wussten uns auf dem gleichen Weg. Punktuell wurden wir um Rat gefragt, aber nicht nur auf geschäftlicher, sondern auch auf freundschaftlicher Basis."*

* * *

Gnadenthal war nicht die einzige Wirkungsstätte der Jesus-Bruderschaft. In Israel gab es bereits seit 1973 Stationen dieser Kommunität in Jerusalem, Bethlehem und Latrun. Die Gemeinschaft in Latrun ist bis heute aktiv. Zudem entstanden neue deutsche Lebens- und Arbeitsschwerpunkte der Kommunität in Hennersdorf und Volkenroda.[10]

1991 wurde das Werk- und Studienzentrum Hennersdorf[11] bei Chemnitz in Sachsen gegründet, um Arbeitsplätze und einen Ort der Begegnung in der Mitte Deutschlands zu schaffen. Mein Großvater hat diesen Prozess sehr nahe begleitet. Mit Hennersdorf verbindet er auch ein besonderes Versöhnungserlebnis: *„Die Übernahme und den Wiederaufbau der alten Spinnerei in Hennersdorf habe ich von Anfang an unterstützt. Um Kontakte zur Bevölkerung zu finden, wurde gelegentlich zu sogenannten ‚Hennersdorf-Sonntagen' eingeladen. An einem dieser Sonntage sollte ich über das Thema Versöhnung sprechen. Bei der Vorbereitung spürte ich, dass mich das sehr persönlich betrifft. Es wurde mir klar, dass in mir eine Antihaltung gegen alles, was sich hinter dem Eisernen Vorhang abgespielt hatte, lebendig war. Innerlich warf ich alles in einen Topf mit dem kommunistischen*

Regime – vor allem auch die Menschen. So habe ich in meinem Vortrag gesagt, dass ich diese negative Haltung bedaure und alle hier Versammelten ganz persönlich um Vergebung bitte. Ein Jahr später, auf einem dieser Sonntage, sprachen mich zwei Männer an. Sie hatten ein Jahr zuvor diese Bitte um Vergebung gehört und erzählten, dass es in ihnen eine Veränderung bewirkt habe. Sie trugen dem Adel gegenüber eine starke Abwehrhaltung mit sich herum und hatten nun das Bedürfnis, mich wiederum um Vergebung dafür zu bitten. Das hat mich damals sehr beeindruckt, weil es die Wechselwirkung so deutlich machte – wenn einer anfängt, dann kann der andere es aufnehmen und es geschieht wirklich Versöhnung.“

Durch Impulse aus Gnadenthal haben sich in Hennersdorf inzwischen mehrere Betriebe angesiedelt. Rund 100 Arbeits- und Ausbildungsplätze sind entstanden. Es wird ein Veranstaltungsprogramm mit Gottesdiensten, Stillen Wochenenden, seelsorgerlichen und kreativen Angeboten, Seminaren u.a.m. angeboten.

Auch die alte Klosteranlage in Volkenroda wurde neu entdeckt und eine Gemeinschaft dort gegründet. Nach anfänglichem Zögern stand mein Großvater sehr motivierend hinter diesem Projekt. *„Zuerst war ich skeptisch. Ich glaubte, dass die personellen Kräfte in Gnadenthal nicht ausreichend waren, um in Zukunft an drei wichtigen Orten tätig zu sein.“* Der Ort und die Atmosphäre, die er ausstrahlte, überzeugten ihn schließlich. *„Als ich zum ersten Mal in Volkenroda war, änderte sich meine ablehnende Haltung sehr schnell und ich habe erkannt, welche Bedeutung die Wiederbelebung des stark zerstörten Klosters für den Ort, aber auch für das Land haben würde. Mein Interesse war geweckt und* *ich habe fortan versucht, das Projekt nach Möglichkeit zu unterstützen. So ist mir dieser Ort als Aufgabe und Zukunftshoffnung sehr ans Herz gewachsen. "*

Er erzählt weiter über die Geschichte des Klosters: *„Volkenroda war ein Zisterzienserkloster in Thüringen. Der Ort war bewusst von der kommunistischen Regierung ,entsiedelt' worden. Zisterzienser gingen mit ihren Klöstern absichtlich in Randgebiete, wirtschaftlich unterentwickelte Gegenden. Sie säten immer zwei Dinge: Geistliches Leben und daraus entstehend wirtschaftliches Leben. Und diesen Geist in der Nach-Wende-Zeit zu beleben, das war eine gute Idee. Ulrike Köhler aus Volkenroda wandte sich 1992 mit der Bitte um Unterstützung an Gnadenthal.*

In Volkenroda ist es den Gnadenthalern gelungen, die evangelische Landeskirche Thüringen, die katholische Diözese Erfurt und die kommunale Ebene zu einer gemeinsamen Aufbauarbeit zusammenzubringen. So entstand ein geistliches Einkehrzentrum. Anschließend hatten sie die geniale Idee – allen voran Günter Oertel, der langjährige Leiter und Visionär der Gemeinschaft –, den Christus-Pavillon auf der Weltausstellung EXPO 2000 in Hannover abbauen zu lassen und das Ganze in Volkenroda wieder aufzubauen. Alles durch Sponsoren finanziert. Hier ist eine gute ökumenische Zusammenarbeit gelungen." Um Volkenroda finanziell selbstständig werden zu lassen, wurde Stiftungskapital gesammelt. Bei einer aufgebrochenen Finanz- und Wirtschaftskrise in Gnadenthal wurde Volkenroda schließlich im Jahr 2004 von der Mutterkommunität abgekoppelt und selbstständig. Die Stiftung wurde Eigentümerin der gesamten Anlage. Als der damalige Vorsitzende des Stiftungsrates Günter Oertel zurücktrat, übernahm mein Großvater diese Aufgabe. Allerdings betonte er, dass er dies nur tun wolle, bis ein Nachfolger gefunden sei. Im Jahr 2007 erklärte sich Prof. Dr. Dieter Ameling dazu bereit.

In Gnadenthal, Hennersdorf und Volkenroda konnte mein Großvater viel von dem einbringen, was er im Marburger Kreis und in Craheim erfahren, gelernt und empfangen hatte. Immer hatten meine Großeltern jedoch ein offenes Auge und Ohr für andere, neue Entwicklungen. Als sie Maria Prean, die eine ganz frische, freie, lebendige Art des Glaubens zu vermitteln wusste, kennenlernten, war das vor allem für meine Großmutter ein Schritt tiefer in ihren Glauben und auch in eine neu gelebte Praxis hinein. Diesen Entwicklungen will ich das nächste Kapitel widmen.

Kapitel 6

Ein etwas anderer Wind

Die Wahrheit, die frei macht,
die Liebe, die heilt,
und das Leben, das erfüllt:
Jesus Christus

„Tante Emma hat uns besucht und begeistert von einem Seminar in Tirol mit Maria Prean erzählt. Das hat mich sehr angesprochen. Ich bin mit meiner Schwester Elisabeth hingefahren. Und dort habe ich das Evangelium – die Verkündigung – in einer besonders frischen, freien, unkonventionellen und sehr ins praktische Leben hineinzielenden Weise gehört. Ich habe gespürt, dass mir das sehr gut tut und dass hier der Heilige Geist durch einen Menschen auf besondere Weise wirkt."

Als Albrecht seiner Frau davon erzählte, dachte sie gleich, dass man diese Maria einladen müsse – und ihm war klar, dass er diese Erfahrung machen durfte, um sie auch anderen zu vermitteln. Also organisierten sie gemeinsam im Februar 1988 ein Seminar zum Thema „Seelsorge und Heilung" auf dem Schwanberg, einem Schloss ganz in der Nähe von Castell. Dort ist die „Communität Casteller Ring", eine evangelische Ordensgemeinschaft von Frauen, zu Hause. Marie-Louise und Albrecht baten Maria und ihren Mann Herbert Prean, dort zu referieren. Anfänglich hatten sie Mühe, das Seminar mit Teilnehmern zu füllen, denn es wusste ja niemand, wer die Referenten aus Österreich waren. Dennoch wurden die Tage ein voller Erfolg. Die Ausstrahlung der Preans und ihre direkte und lebendige Art zu lehren überzeugten. Und nicht nur das – der Heilige Geist war deutlich spürbar.

Maria Prean sagt über sich: *„Ich bin gebürtige Innsbruckerin. Schon früh beschäftigte mich die Frage, wozu ich auf dieser Welt bin. Nachdem ich mit sieben Jahren eine tiefe Begegnung mit Jesus Christus hatte, weiß ich, dass er mich liebt und mein Leben ihm gehört. Seither spüre ich die Führung Gottes in meinem Leben. Wenn für mich auch manche Wege nicht gleich zu verstehen waren, darf ich rückblickend erkennen, dass Gott keine Fehler* *macht. Heute darf ich vielen Menschen Hoffnung und Freude bringen und sie in eine persönliche Liebesbeziehung zu Jesus Christus führen.“*[12]

Begeisterung und Nachfrage führten zu weiteren Seminaren. Die Preans hatten keine Kontakte in Deutschland, so organisierte Marie-Louise alles Notwendige, und die Preans reisten mit ihrem Team zum Lehren an. Als es nicht mehr möglich war, die Seminare auf dem Schwanberg zu veranstalten, suchte Marie-Louise einen anderen Ort. Sie fand schließlich ein Zentrum in Bischofsheim, das ideale Gegebenheiten hatte. Mit etwas Überzeugungsarbeit konnte sie auch die erst skeptischen Leiter der „Christlichen Gästehäuser Hohe Rhön“, Fritz und Kriemhild Schroth, überzeugen, sich für diese neue Richtung der Verkündigung zu öffnen. Vor allem Marie-Louise engagierte sich in den folgenden Jahren sehr für die Seminare. Albrecht war anderweitig viel beschäftigt und fühlte sich nicht zur Mitarbeit berufen. In Gnadenthal wurde er viel gefordert und auch der Betrieb in Castell durfte schließlich nicht vernachlässigt werden. Aber Albrecht hörte und nahm Anteil an dem, was Maria und Herbert in Bewegung setzten.

Es entstand eine enge Beziehung und Freundschaft. Marie-Louise trat in Marias Verein „Leben in Jesus Christus“ ein.

Der wichtigste Teil der Arbeit sind bis heute die „Lebensseminare“, durch die Tausende von Menschen die Liebe Gottes erfahren dürfen. Meine Cousine Christina, die älteste Enkelin von Albrecht und Marie-Louise, erzählt dazu: *„Durch die Teilnahme an diesem Seminar 1999 fühlte ich mich in einer Kette eingebunden, die über meine Urgroßtante Emma zu meinen Großeltern und über meine Eltern bis hin zu mir und meinen*

Geschwistern reicht. Alle waren wir dort und durften auftanken, uns selbst infrage stellen lassen und uns konkret mit den Fragen auseinandersetzen: Was will Gott für mein Leben? Nehme ich seine Vaterliebe an? Was ist meine Berufung? Wo ist mein Platz im Leben? Wo trage ich Schuld? Wem soll ich vergeben? Ist Jesus der Herr über mein Leben? Während des Seminars wurden wir immer auch auf unsere Familie und die Großeltern angesprochen. Irgendjemand kannte immer einen und ich freute mich darüber, als ein Glied im Band der Familie wahrgenommen zu werden. Mir ist sehr bewusst, was das für ein Segen ist, und ich hoffe sehr, dies an meine Kinder, aber auch an andere Menschen weitergeben zu können."

Der Cousin meiner Großmutter, Georg Friedrich Prinz zu Waldeck, erzählt ebenfalls vom Lebensseminar: „*Das nächste (Seminar) war für mich in der Entwicklung noch viel entscheidender: dass die Castells Herbert und Maria Prean auf den Schwanberg holten. Dort sagte mir Herbert sehr eindrücklich – ja er machte es mir klar, dass Gott seinen Sohn für mich persönlich ans Kreuz geschlagen hat.*" Bei diesen Worten kommen dem hochgewachsenen Offizier noch heute die Tränen. Man sieht, dass ihn diese Erkenntnis tief ergreift. „*Das hat mich Kämpfe gekostet. Für mich Rübenschwein tötet einer seinen Sohn. Als ich da durch war, also diese Aussage für mich als wahr verstehen und spüren konnte, habe ich eine solche Souveränität und Freiheit in meinem privaten Leben bekommen – mir konnte nichts mehr passieren; ich wusste, ich bin erlöst.*"

Im Jahre 1992 starb Herbert Prean an Krebs. Maria war daraufhin nicht in der Lage, die angesetzte Tagung in Bischofsheim zu leiten. Sie beschenkte Albrecht und Marie-Louise mit dem Vertrauen, die Leitung an ihrer Stelle zu übernehmen.

Der Heilige Geist war ebenso wirksam und gegenwärtig wie bei allen anderen Seminaren, was Albrecht und Marie-Louise in ihrem Dienst sehr bestärkte. Trotz der tiefen Trauer um ihren geliebten Mann beschloss Maria im Vertrauen auf Gott, den Blick nach vorne zu richten und setzte ihre Arbeit unvermindert fort.

* * *

Maria ist eine besondere Frau. Ihre Vorträge sind unmittelbar aus der Heiligen Schrift heraus gestaltet und eng mit ihrem eigenen Leben verwoben. Sie hat die Gabe der vollständigen Liebe zu jedem Menschen, da sie jeden und alles vor Jesus bringt. Ich selbst habe Maria Prean kennen und lieben gelernt, habe ihre Lebensseminare besucht und gesehen, wie der Heilige Geist durch sie wirkt. Ihre offene Art und die bedingungslose Hingabe an den Herrn sind mir ein großes Beispiel geworden. Aber zurück zu meinen Großeltern.

Von Maria Prean hat meine Großmutter sehr viel gelernt. Die Beziehung zu dieser lebendigen, geisterfüllten Frau prägte sie sehr. Das zeigte sich zum Beispiel auch in ihrer Mitarbeit bei den „Frühstückstreffen für Frauen", bei denen Marie-Louise seit 1993 regelmäßig Vorträge hält.

1993 begann meine Großmutter auf Einladungen mehrerer Organisationen hin über unterschiedliche Themen zu sprechen. Im Laufe der Jahre waren es mehr als hundert Termine. Die Einladungen kamen meist von Organisatorinnen von Frauentreffen in Kirchengemeinden oder überörtlichen Zusammenschlüssen, wie beispielsweise „Women's Aglow" (heute „Aglow International") oder auch in freien Gemeinden. Durch Marias Ermutigung war meine Großmutter bereit, diesen Schritt, der ihr anfangs viel Mut abforderte, zu gehen. Ich durfte vor ein paar Jahren erleben, wie meine Großmutter sich vor eine Gruppe von Frauen stellte und einen Vortrag hielt. Ich war selbst sehr berührt und die Reaktionen aus dem Publikum zeigten deutlich, dass sie bei vielen genau ins Schwarze getroffen hatte. Sie selbst erzählt: *„Sehr gerne war ich bei den Landfrauentagen, an denen ich das Evangelium jeweils einigen Hundert Frauen sagen konnte. Einmal war bei so einem Treffen ein großer Tisch mit fein angezogenen Herren dabei – Landrat, Bankdirektoren und andere offizielle Menschen. Ich war erst etwas gehemmt, entschloss mich dann aber, alles wie immer anzugehen, und war dann sehr erfreut, als beim Gebet der Versöhnung, welches ich zum Mitsprechen anbiete, die Männerstimmen sehr kräftig zu hören waren."*

Der Kern ihrer Vorträge ist immer Versöhnung, weil das aufgrund ihrer persönlichen Erfahrung für jeden Menschen das Allerwichtigste ist. Versöhnung mit Gott, Versöhnung mit sich selbst, Versöhnung mit dem Nächsten – Versöhnung in jeder Beziehung. Das spiegeln die Themen ihrer Vorträge wider: „Du hast mir wehgetan", „Heilung der Erinnerung", „Harmonie in den Beziehungen", „Vorbereiten aufs Sterben ist Hilfe zum Leben", „Gebet in Ehe und Familie", „Selbstannahme" oder auch „Haushalterschaft".

Sehr lebendig erzählt meine Großmutter, wie es zu ihren Vorträgen kam: *„Die Themen habe ich mir nach und nach erarbeitet und dafür viel von Maria Prean gelernt: Zum einen, den Vortrag sehr authentisch zu gestalten, aus meinem Leben zu erzählen und dann auch die ganze Gruppe zur persönlichen Entscheidung zu* führen. *Außerdem, auch immer den Heiligen Geist einzuladen und schließlich auch bereit zu sein, mich selbst zu blamieren.*" Das ist ihr offenbar nur ein einziges Mal passiert – damals merkte sie bereits beim Sprechen, dass ihre Worte wie gegen eine Betonwand stießen. Sonst erlebt sie meistens, dass die Stille, die sie während ihrer Vorträge anbietet, gut angenommen wird. Sie schafft Raum für eigenes Nachdenken darüber, welches die Beziehung ist, in die als Erstes Versöhnung hineinkommen sollte. Viele der Anwesenden lassen sich auf diese Stille ein. *„Bei einem der großen Landfrauentage waren auch Bedienungen im Saal bei der Arbeit. Irgendwann setzten sie sich dann dazu und beteten mit.*"

Aus ihrer Erfahrung mit weit über einhundert Treffen dieser Art hat sich ein reicher Schatz an unvergesslichen Erinnerungen angesammelt. Mit einem gewissen Schalk in den Augen erzählt sie und ahmt dabei wunderbar den fränkischen Dialekt nach: *„Einmal kam ich in den Steigerwald in eine Bäckerei. Da schaute mich die Verkäuferin fragend an und sagte dann in starkem Dialekt: ‚Sind sie nicht dera Fra' vom Frühstückstreffen?' Ich bejahte und da erzählte sie: ‚Ich hab des fei gemecht was sie gesagt haben mit der Vergebung und jetzt ist es ganz annerscht in unserer Familie. Wir waren so überzwech miteinander, aber nun ist es besser.' "*

Ein anderes Mal hatte die Organisatorin für einen Vortrag in den neuen Bundesländern kurzfristig Bedenken wegen des adeligen Namens und fragte meine Großmutter, ob das gelingen könnte bzw. wie die Menschen reagieren würden. Sie wollte schon absagen. Meine Großmutter blieb jedoch fest und meinte: *„Egal wie viele kommen, wir sollten den Vortrag durchführen.*" Als sie dann zum Vortragsort kam, wurde ihr gesagt, dass sich so viele angemeldet hätten, dass es ein Frühstück *und* eine Abendveranstaltung geben müsse. Gerade in den neuen Bundesländern war eine große Offenheit für ihre Vorträge zu spüren und einige der Hörerinnen kamen hinterher noch zu seelsorgerlichen Gesprächen zu meiner Großmutter.

Unvergesslich bleiben ihr die Besuche im Frauengefängnis Aichach. Zweimal wurde sie gebeten, vor den dort inhaftierten Frauen zu sprechen. *„In Aichach thematisierte ich Versöhnung und dass wir sie alle bräuchten. Die Frauen dort, weil sie, wenn sie unschuldig wären, ja nicht eingesperrt sein müssten. Aber genauso auch ich, denn wenn alle unguten Gedanken meines Herzens zur Ausführung gekommen wären, gehörte ich auch eingesperrt. Wir alle brauchen Vergebung, um befreit zu leben. Und wir haben die Freiheit, die Vergebung, die Jesus am Kreuz für jeden von uns und in unermesslicher Höhe erwirkt hat, anzunehmen. Es ist eine Sache unseres Willens, diese Vergebung für uns in Anspruch zu nehmen und sie dann auch weiterzugeben. So wie es im Vaterunser heißt: ‚Vergib uns unsere Schuld, wie auch wir vergeben unseren Schuldigern.‘ Es ist eine Entscheidung des Willens – nicht des Gefühls.“*

Das sagt sie mit voller Überzeugung und fährt fort: *„Als ich das ausgeführt hatte, gingen wir in kleinere Gruppen. Ich hatte noch Monika Baumann zum Mitbeten dabei. In meiner Gruppe kam eine Frau mit funkelnden Augen auf mich zu und sagte: ‚Das war ja alles schön und gut, was Sie sagen, aber ich sitze hier wegen Mord und das aufgrund der Aussage meiner eigenen Schwägerin. Das kann und will ich ihr nicht vergeben.‘ Da war ich erst mal still, nahm sie dann aber an der Hand und sagte zu ihr, dass ich ihre Haltung verstehen würde und dass sie auch die Freiheit habe, an diesem Groll festzuhalten. ‚Aber wenn Sie mir* *nur einen Funken Vertrauen schenken, so entscheiden Sie jetzt, Ihrer Schwägerin zu vergeben, so wie Jesus Ihnen vergeben hat.' Sie sagte: ‚Nein, das kann ich nicht – was soll ich denn sagen?' Da sprach ich ihr ein Gebet vor und sie sprach es mir nach: ‚Herr Jesus Christus, ich vergebe meiner Schwägerin (hier setzte sie dann selbst den Namen ein), so wie Jesus mir vergeben hat. Amen.' Danach konnte ich nur noch einen Segen über ihr beten und unsere Zeit war vorüber."*

Ich kann nicht anders, als den Mut meiner Großmutter zu bewundern und bin ganz gespannt, als ich höre, dass das nicht das Ende dieser Begegnung gewesen ist. Ein Jahr später kam sie wieder nach Aichach *„Da kam eine hübsche junge Frau auf mich zu und fragte: ‚Kennen Sie mich noch?', was ich verneinen musste. Da sagte sie: ‚Ich möchte mich bei Ihnen bedanken – ich bin die, die Sie voriges Mal zur Vergebung gezwungen haben. Wenn ich das nicht gemacht hätte, wäre ich nicht mehr am Leben. Ich hatte meinen Selbstmord schon vorbereitet, aber dann ist so ein großer Friede in mich gekommen, dass ich beschlossen habe, das Beste aus der Zeit hier zu machen, die ich noch bleiben muss. Nun bin ich sicher, dass mein Leben gut weitergeht.'"*

Dieses Erlebnis erzählt meine Großmutter gerne, damit deutlich wird, welche Macht im Namen Jesu liegt. Sie hat keine Ahnung, ob diese Frau je eine Kirche von innen gesehen hat, aber sie hat in einem entscheidenden Moment ihres Lebens Jesus als den wahrhaft Auferstandenen erfahren und begriffen. Sie erklärt weiter: *„Vergebung ist ein durch Jesus in unermesslicher Höhe eingerichtetes Konto, das für jeden Menschen zur Verfügung steht. Aber es nützt uns gar nichts, wenn wir nicht hingehen und dieses Geschenk abholen und weitergeben. Viele Menschen werden durch ihren Stolz daran gehindert.*

Man möchte sich nichts schenken lassen, sondern lieber versuchen, seine Dinge allein wieder in Ordnung zu bringen. Oder aber man will sie auch lieber so lassen, wie sie sind.“

Häufig wird ihr die folgende Frage, die auch mir schon auf der Zunge liegt, gestellt: „*Was ist denn, wenn ich jemandem vergebe, aber diese Person nimmt das nicht an?*“ Sie antwortet dann immer: „*Es geht um die Freiheit der Person, die bereit ist, zu vergeben. Wenn man nämlich nicht vergibt, bleibt man negativ an die andere Person gebunden. Uns ist umsonst vergeben worden, deshalb dürfen und sollen wir auch vergeben, ohne dafür eine Gegenleistung zu erwarten. Solange ich nicht vergebe, bleibe ich freiwillig in der Rolle des Opfers. Besonders bei Missbrauchsopfern ist es sehr wichtig, dass sie durch die Vergebung ihre Würde zurückbekommen.*“ Wenn meine Großmutter so spricht, strahlt sie etwas aus, das schwer zu beschreiben ist. Sie erzählt sehr locker und auch mit Witz, dennoch gehen ihre Worte tief.

„*Ein enger Zusammenhang besteht auch zwischen Vergebung und Heilung. Ich bete seit Jahren, wenn es sich anbietet, gerne für Kranke und habe bei diesen Gebeten kaum erlebt, dass nicht auch eine Vergebung in irgendeiner Richtung notwendig gewesen wäre. Der Heilige Geist leitet einen dabei ganz wunderbar, sodass man mit dem Betroffenen zusammen herausfinden kann, wo eine Last liegen könnte.*“

Sie beendet ihre Erzählung mit dem Beispiel einer jungen Frau: „*Sie kam auf einer Tagung auf mich zu und bat mich um ein Gebet für ihre Nase, weil sie seit Jahren nicht riechen und deshalb natürlich auch nicht schmecken könne. Ich legte meine Finger auf ihre Nase und betete, aber nichts geschah. Ich fragte sie, was sie denn ungern gerochen habe, bevor sie die Fähigkeit zu riechen verloren habe. Sie fing an zu weinen und sagte nur: ‚Rauch.' Sie war Bankbeamtin und immer, wenn jemand kam, der nach Rauch roch, war das ganz schrecklich. Ich fragte sie: ‚Können Sie den Rauch mit einer Person verbinden?' Nun wurde ihr Weinen stärker und sie erzählte von ihrem Großvater. Der hatte ihre Mutter abgelehnt, ihre ganze Familie zerstört – und er rauchte immer dicke Zigarren. Ich erinnerte sie an das, was wir auf der Tagung gehört hatten, und fragte sie, ob sie bereit sei, ihrem Großvater alles zu vergeben, was er ihrer Familie angetan hatte. Dazu war sie bereit und ich betete anschließend noch einmal für ihre Nase. Abends konnte sie wieder riechen, was wir mit einer Rose testeten. So ist wahr, was im 1. Petrusbrief 2,24 steht: ‚Durch seine Wunden hat Christus uns geheilt.'"*

Aus den gesammelten Unterlagen und jahrelangen Vorträgen meiner Großmutter ist mittlerweile ein kleines Buch entstanden. Es heißt „Vergebung, Versöhnung, Heilung. Mein Schlüssel zu einem gelingenden Leben" und ist 2014 beim Francke-Verlag erschienen. Es ist eine kleine Schatztruhe, gefüllt mit persönlichen Geschichten, einfach verpackten Wahrheiten und ganz konkreten Gebeten für die Umsetzung in das Leben der Leser. In der ihr eigenen, direkten Art schafft meine Großmutter es, mit ihrem Buch direkt in die Herzen der Leser zu sprechen, wie viele Leserbriefe auf berührende Weise bezeugen.

* * *

Durch Maria Prean lernten meine Großeltern den ugandischen Prediger John Mulinde und den Afrikamissionar Ernst Sievers aus der Gemeinschaft der „Weissen Väter" kennen. Beides sind sehr eindrucksvolle und charismatische Prediger. Mit ihnen veranstalteten sie jeweils ein „Fest zur Ehre Gottes" in Castell. Und mit John Mulinde organisierte auch Maria Prean Ende der 90er-Jahre eine große Konferenz in Österreich, an der Albrecht und Marie-Louise teilnahmen. John Mulinde ist ein geistlicher Leiter in Uganda und spürt den Auftrag, andere Länder zu ermutigen, für ihr eigenes Volk im Gebet einzutreten und Buße für das zu tun, was das ganze Volk belastet. In Uganda waren das der Mord an den ersten Missionaren und später die Verfolgung der Juden und der Inder. Als Buße getan war, öffnete sich in diesem Land die Bereitschaft zum Gebet. Das wollten meine Großeltern vor Ort miterleben. Deshalb nahmen sie im Jahr 2001 an einer vierzehntägigen Gebetskonferenz in Uganda teil und konnten erleben, wie die Menschen dort trotz ihrer Armut einen lebendigen, fröhlichen Glauben leben. Es wurde damals ein „Gebetsberg" eingeweiht, auf dem bis heute ständig gebetet wird. Zur Einweihung kam auch der Staatspräsident, dessen Frau eine vom Geist Gottes getragene Ansprache hielt. Dass sogar die Regierung eines Landes so stark vom christlichen Glauben durchdrungen ist, kannten meine Großeltern bis dahin nicht und es faszinierte sie sehr.

Meine Großmutter erzählt von einem Erlebnis auf dieser Reise: *„Eine Schweizerin nahm mich mit in ein Heim für Aids-Waisenkinder. Etwa 12 Kinder wurden dort von einem jungen Ehepaar betreut. Als ich den Kindern die Hand gab, fielen sie vor mir auf die Knie. Ich fragte verwirrt, was das bedeute, und bekam erklärt, dass dies der Respekt vor dem Alter sei. Sie leben dort in ganz schlichten, einfachen, aber sauberen Verhältnissen. Damit sie sich nicht von den anderen Kindern unterscheiden, wenn sie in ihre Familienclans zurückkehren, bekommen sie kein Spiel-*

zeug geschenkt. *Als die Leiterin gegen Ende der Veranstaltung vor-*
schlug, noch zu beten, beteten diese Kinder mit einer Vollmacht,
Liebe und Ausdauer, dass es bewegend war."

Maria Prean hat im Jahr 2001 den Verein „Vision für Afrika e.V."[13] gegründet. Sie organisiert in Europa Patenschaften
für das Schulgeld der Kinder in Uganda und hat eine Schule und Werkstätten errichtet. Mittlerweile werden durch ihre
Projekte ca. 5500 Kinder in 180 Schulen in Uganda und Ke-
nia unterstützt und der Ausbau schreitet voran.

John Mulinde hatte eine Vision auch für Deutschland. Er
betonte dabei die Verantwortung für die jüngere Generation.
Es sei wichtig, der nächsten Generation biblische Ordnungen
weiterzugeben und Grenzen zu setzen, denn wenn jede Generation die Grenzen weiter herabsetze, gäbe es irgendwann
keine Grenzen mehr, was ins Chaos führen müsse. Mit Mulinde verbindet meinen Großvater eine Verantwortung, ja eine
starke Verpflichtung, für Deutschland zu beten.

Der zweite wichtige Mann, der durch Maria mit meinen
Großeltern bekannt wurde, ist der deutsche Afrikamissionar
Pater Ernst Sievers, Gründer und früherer geistlicher Leiter der
Emmaus-Gemeinschaft in Uganda. Er gehört zur Ordensgemeinschaft der „Afrikamissionare – Weisse Väter"[14] und lebte
viele Jahrzehnte in Ghana und Uganda. Inzwischen ist er auch
in Deutschland für die Erneuerung in der katholischen Kirche tätig. Er machte mit meinen Großeltern zusammen auf
einer Konferenz in der Schweiz eine tief greifende Erfahrung
mit dem Heiligen Geist. Diese erste Begegnung mit Ernst Sievers beschreibt mein Großvater folgendermaßen: *„Das war in*
Burgdorf im Emmental. Dazu muss ich etwas erzählen. Ich habe
dort zum ersten Mal im Geist geruht und Sievers auch. Wir wa-

ren in einer kleinen Gruppe. Er konnte das kaum fassen, dass ich dalag und er auch – immerhin war er ein römisch-katholischer Priester – ein Ordensmann. Er hatte dort eine Erfahrung mit dem Heiligen Geist gemacht und war im wahrsten Sinne des Wortes entflammt."

Als Pater Ernst Sievers aus der Schweiz nach Uganda zurückkam, fand dort gerade mit seinem Erzbischof ein Priestertreffen statt. Er erzählte von seinem Erlebnis und betete mit den Priestern. Viele wurden an diesem Tag vom Heiligen Geist erfüllt. Daraus entstand eine neue Arbeit, bei der junge Menschen andere zu Enthaltsamkeit und ehelicher Treue erziehen. Dies löste einen gravierenden Rückgang der Aidsrate aus. Tatsächlich ist in Uganda durch Gebet Erstaunliches geschehen. Präsident Museveni hob den islamischen Bundesschluss von Idi Amin auf, gab auf einer Konferenz die Flagge Ugandas als Symbol in die Hand der christlichen Fürbitter und widmete die Nation dem Gott der Bibel. Das hatte Auswirkungen wie ein Dammbruch. In einer Gemeinschaftsaktion beschlossen beispielsweise Regierung und Kirche eine Doppelstrategie: Verteilung von Kondomen und gleichzeitig die Stärkung moralischer Werte durch geistliche Erneuerung und Rückkehr zu biblischen Werten. Der Erfolg war phänomenal. Uganda entwickelte sich zu einem Vorbild in Sachen Schutz vor HIV und AIDS und die Zahl der Neuansteckungen war lange Zeit rückläufig.

* * *

Die guten Erfahrungen und zahlreichen Treffen mit gottesfürchtigen und charismatischen Menschen öffneten meine Großeltern zunehmend für Neues. Albrecht fasst seine Erkenntnisse so zusammen: „*Wir haben erlebt, dass das Reich Gottes und die Gemeinde Jesu viel größer sind als Kirche und Konfessionen. Durch die vielfältigen, ganz unterschiedlichen Begegnungen, vor allem auch durch das Erleben der charismatischen Erneuerung, haben wir eine große Weite erlebt. Das ging mit einer inneren Befreiung von Gewohnheiten und Zwängen einher. Es folgte die Erkenntnis, wie mühsam und uneffektiv Kirche oft arbeitet und wie wenige sichtbare Früchte aus dem kirchlichen, oft bürokratisch anmutenden Alltag erwachsen. Im Gegensatz dazu standen die Seminare mit Maria Prean, bei denen Befreiung stattfand, Bewegung sichtbar war und die Liebe Gottes konkret erfahrbar ist. Wie in der Apostelgeschichte beschrieben, war hier erlebbar, wie Menschen für das Reich Gottes gewonnen wurden.*"

Meine Großeltern haben beide eine starke missionarische Ader. Wenn sie etwas für sich entdecken, wollen sie es gerne weitergeben. Für meinen Großvater war durch die Königsteiner Kirchentage das Thema Ökumene in den Mittelpunkt gerückt. Schon bald wurde ihm deutlich, dass mit der Frage der Einheit die gegenseitige Versöhnung eng verbunden ist.

Vor einigen Jahren schrieb ich ein Buch über Juliana Bosma, die ebenfalls mit Maria Prean zusammengearbeitet hat: „Juliana. Eine Geschichte von Umkehr und Heilung". Sie gibt Seminare in Österreich zum Thema „Neue Entscheidungen – Neues Leben", die lebensverändernde Auswirkungen auf viele Menschen haben.

Eigentlich hätte es mich nicht erstaunen dürfen, dass meine Großeltern sich selbst auf den Weg gemacht haben, um an einem solchen Seminar teilzunehmen. Dennoch *hat* es mich erstaunt. Es überrascht mich eben immer wieder, wie freudig sie neuen Impulsen nachgehen und wie die Überzeugung ihr Leben prägt, dass es im Reich Gottes immer noch viel mehr gibt, als sie bereits gesehen haben. Darum habe ich noch mal nachgefragt, was sie mit 85 und 90 Jahren bewegt hat, sich erneut auf den Weg zu machen, und was sie bei diesem Seminar erlebten.

Meine Großmutter treibt vor allem immer wieder die Neugier an. Sie will erst selbst erfahren haben, was sie anderen empfehlen möchte. Mein Großvater wollte kennenlernen, was er da aus der Generation seiner Enkel Neues vernommen hatte. Bei einigen seiner Enkel hat mein Großvater Heilung und Erneuerung der Beziehung aufgrund dieses Seminars wahrgenommen und nicht zuletzt die Lektüre meines Buches machte ihn neugierig auf Juliana Bosma. Also haben sie sich auf den Weg begeben, um dadurch eigene Erfahrung glaubwürdig weitergeben zu können.

Beide fuhren sie eigentlich ohne konkrete Wunschvorstellung oder Sehnsucht dorthin. Doch insbesondere mein Großvater wurde durch das Seminar während einer praktischen Übung sehr überrascht. Die Teilnehmer sollten während dieser Übung eine Person, mit der man etwas bereinigen wollte, symbolisch (durch ein Kissen vertreten) auf einen Stuhl setzen. Dann wurden sie dazu ermutigt, ihre Gefühle gegenüber dieser Person frei zu äußern. *„Dort habe ich dann eine ganz wichtige Geschichte erlebt"*, erzählt mein Großvater. *„Ich hatte einen sehr sympathischen, jüngeren Mann als Gesprächspartner. Auch ein Unternehmer. Der war genau in meiner Situation. Wir hatten nichts an Gefühlen, was wir loswerden wollten. Er nicht und ich nicht. Ich hatte meine Gefühle und Erinnerungen schon zuvor geprüft und in Gesprächen geklärt. Dann fiel mir allerdings etwas ein, worüber ich noch nicht nachgedacht hatte – meine Be-*

ziehung zu meinem älteren Bruder. Er war im Oktober 1944 an der Ostfront gefallen. Da ich mich zur gleichen Zeit in derselben Einheit befand, hatte ich mir nicht erlaubt, den Tod des geliebten Bruders zu betrauern oder meine Trauergefühle zu zeigen. Ich glaubte, vor den mir anvertrauten Soldaten keine Schwäche zeigen zu dürfen. So habe ich dann in Gedanken den mir innerlich so herzlich und ohne jede geschwisterliche Spannung verbundenen Bruder auf den Stuhl gesetzt und ihm gesagt, wie leid es mir tut, dass ich ihm gegenüber nie meine Liebe ausgesprochen habe. Völlig unerwartet kamen mir die Tränen und ich weinte hemmungslos wie selten in meinem Leben. Als in mir wieder Ruhe einkehrte, spürte ich Erleichterung, die eine deutliche und anhaltende Sensibilisierung meiner Gefühle bewirkt hat."

Meinem Großvater wurde klar, dass er nie um seinen Bruder geweint hatte, obwohl er ihm der Nächste war und er sogar die Nachricht seines Todes von der Front nach Hause geschrieben hatte. Er hatte sich nie erlaubt zu weinen, weil er keine Schwäche zeigen zu dürfen glaubte und ein Vorbild für die ihm untergebenen Soldaten sein wollte …

„Ich habe mir eingebildet, ich dürfte mir das nicht leisten. Ich dürfte nicht schwach sein."

Er erlebte es wie eine Befreiung, den Tränen freien Lauf zu lassen und Gefühle zu zeigen, unabhängig von Reaktionen der anderen.

„Seitdem weine ich öfter mal … ich bin weicher und sensibler geworden. Diese Sperre des Nicht-Dürfens ist gewichen."

Mein Großvater ist reich beschenkt von dem Seminar bei Juliana wieder nach Hause gefahren. Meine Großmutter hat vor allem neue praktische Hilfen für ihr Leben erhalten. Entscheidungen, die ihr helfen, sich und andere besser einzuordnen. Ehrlicherweise gibt sie zu, dass ihr die Prinzipien zwar sehr eingeleuchtet haben, sie aber noch daran arbeitet, sie tatsächlich umzusetzen. Sie empfindet, dass dieses Seminar noch einmal etwas tiefer „pflügt" als die Lebensseminare von Maria Prean. Gerade der Umgang mit den Generationen sei ein tiefer, neuer Bereich. Und sie sagt, dass ihre Erwartungen an Gott groß bleiben. Zudem durften meine Großeltern in vielen Bereichen auf diesem Seminar einfach die Bestätigung erfahren, dass die Heilung, Befreiung und Vergebung, die sie in vielen Jahren erlebt hatten, eine wirkliche Realität in ihrem Leben geworden sind.

Ich muss lachen, als mein Großvater abschließend anfügt: *„Das Seminar war ein wichtiger Schritt in meinem Glaubensleben und ich schließe nicht aus, dass es nicht der Letzte war. Weiß der Kuckuck, was da noch kommt ..."* Jesus wird es wohl wissen und ich bin selbst gespannt, was er noch alles mit meinen Großeltern vorhat.

Marie-Louise mit ihrer Tochter Philippa,
Enkelin Christina und Urenkel Gabriel

Treffen von Leitern des Marburger Kreises in Castell, 1964.
Arthur Richter, Larry Christenson, Albrecht Fürst zu Castell-Castell,
Arnold Bittlinger (v.l.n.r.)

Mitarbeiter auf Schloss Craheim in den Anfangstagen:
Crafft Freiherr Truchsess von Wetzhausen, Wilhard Becker,
Siegfried Großmann, Eugen Mederlet, Albrecht Fürst zu Castell-Castell,
Reiner-Friedemann Edel, Arnold Bittlinger

Mutter Erika Bangel, eine der Gründerinnen der Jesus-Bruderschaft in
Gnadenthal, mit Marie-Sophie Lobkowicz, August 2008

Foto: Familie Castell-Castell

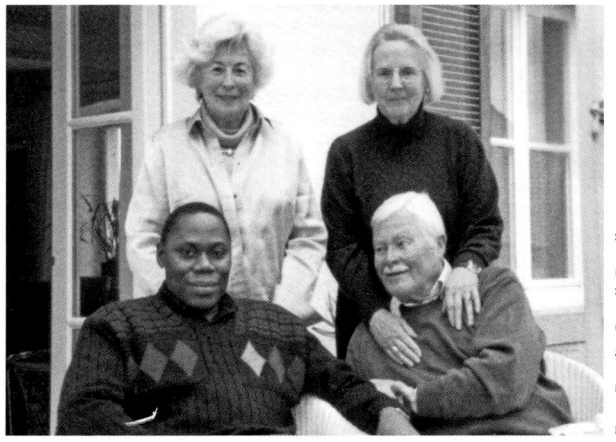

Maria Prean, Marie-Louise Fürstin zu Castell-Castell,
John Mulinde und Albrecht Fürst zu Castell-Castell

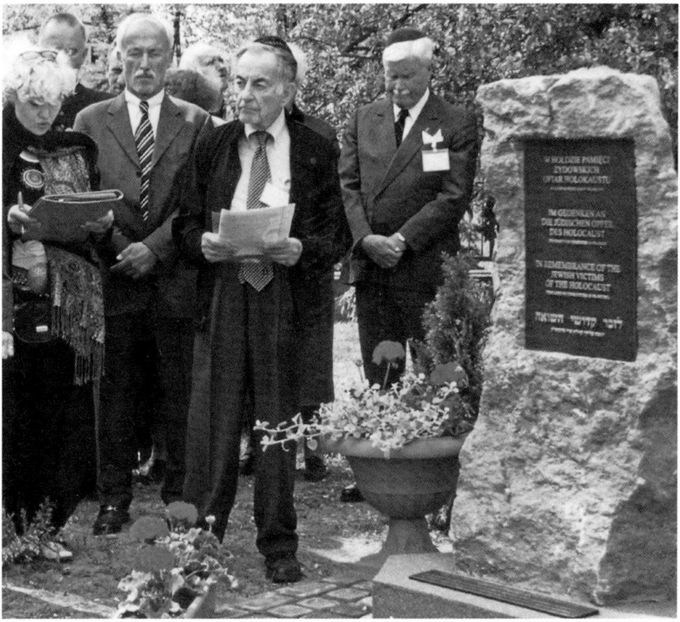

Foto: Familie Castell-Castell

Ein Gedenkstein für das „Nicht Vergessen".
Oberbürgermeister Bernd Moser (Kitzingen), Walter Reed
und Albrecht Fürst zu Castell-Castell in Izbica (Polen)

Ort der Buße. Davidsterne und weiße Kreuze auf dem Gelände
des ehemaligen Konzentrationslagers Birkenau

Bild Menorah: Andreas Felger, 2005
Original im Besitz von Albrecht und Marie-Louise zu Castell-Castell

Das Fürstenpaar im Kreise seiner
von Albrecht Fürst zu Ca

lässlich des 90. Geburtstages
am 13. August 2015

Foto: Familie Castell-Castell

Hochzeit Fürst und Fürstin zu Castell-Castell, 23. Mai 1951

Foto: Familie Castell-Castell

Hochzeit von Marie-Sophie, geb. Prinzessin Lobkowicz und
Constantin Maschek, Freiherr von Maasburg, 23. Juni 2012

Kapitel 7

Eine Herzensbegegnung und Aufbruch

Das Konzentrationslager **Auschwitz-Birkenau** war das größte deutsche Vernichtungslager in der Zeit des Nationalsozialismus. Es befand sich etwa 60 Kilometer westlich von Krakow (Krakau) nahe der polnischen Kleinstadt Oświęcim (dt. Auschwitz) und wurde 1941 drei Kilometer entfernt vom Stammlager Auschwitz I gebaut. In die Konzentrationslager Auschwitz wurden insgesamt mehr als 1,3 Millionen Menschen aus ganz Europa deportiert. Davon wurden geschätzte 1,1 Millionen Menschen ermordet, eine Million davon Juden. Etwa 900.000 der Deportierten wurden direkt nach ihrer Ankunft in die Gaskammern geschickt oder erschossen. Weitere 200.000 Menschen starben durch Krankheit, Unterernährung, schwerste Misshandlungen, medizinische Versuche oder spätere Vergasung.

Der Name „Auschwitz" ist zum Symbol für den Holocaust an etwa sechs Millionen europäischer Juden sowie weiteren Opfern geworden. Roma, Sinti und Jenische, russische und polnische Zwangsarbeiter, Homosexuelle, Zeugen Jehovas, politische Gefangene und andere zu Feinden des Nationalsozialismus erklärte Menschen wurden hier ermordet.

Die Überreste beider Hauptlager sind als staatliches Museum Auschwitz-Birkenau mit einer Gedenkstätte des Holocaust und jüdischem Friedhof öffentlich zugänglich. Seit 1979 ist dieser Ort in die Liste des Weltkultur- und Naturerbes eingetragen.

Menschen und Gruppen, die sich getrennt haben, können nur wieder zusammengeführt werden, wenn man sich gegenseitig vergeben – sich versöhnen – kann. Mit dem gewachsenen Wunsch nach der Einheit der Christen stellte sich für meine Großeltern also auch unmittelbar die Frage der Versöhnung. Dass diese zunächst nicht direkt in Verbindung mit der Ökumene stand, zeigt sich im Folgenden.

Im Jahr 1995 fanden die sogenannten „Versöhnungswege" statt, die weite Kreise gezogen haben. Ihren Ursprung hatten sie in Auschwitz.

Friedrich Aschoff, evangelischer Pfarrer in Kaufering, hatte ein starkes persönliches Versöhnungserlebnis mit messianischen Juden auf dem Friedhof in Kaufering. Dort liegen die Toten aus einem Konzentrationslager, dessen Insassen für einen großen Autohersteller in unterirdischen Fabriken gearbeitet hatten. Der 50. Jahrestag des Kriegsendes stand bevor. Man konnte erwarten, dass es in Deutschland viele Veranstaltungen geben würde. Aber Aschoff bewegte die Frage, was die *Christen* tun, wie sie es empfinden und mitgestalten würden. Diese beiden Überlegungen gaben für ihn den Impuls, einen kleinen Kreis zu einer Auschwitz-Reise aufzufordern. Denn in Auschwitz hat sich das totale Versagen der Menschlichkeit manifestiert – als Menschen haben wir uns schuldig gemacht. Diese Anlage zum menschlichen Versagen tragen alle in sich, damals wie heute, Junge wie Alte, Deutsche wie andere.

* * *

Albrecht fühlte sich von der Einladung angesprochen. Eigentlich passte es ihm zeitlich nicht, aber er fuhr mit. Diese Reise 1994 sollte Albrecht sehr verändern. Gemeinsam mit 24 Deutschen, drei Österreichern, zwei Schweizern sowie zwei messianischen Juden aus Israel wurde sie angetreten.

Um, wie Friedrich Aschoff schreibt, „sich von dem namenlosen Leid treffen zu lassen", fuhren sie nach Auschwitz. Schweigend und allein ging jeder durch das Lager. Die klare erschreckende Sprache, die dieser Ort spricht, war bedrückend. Die Schuld, die das deutsche Volk hier auf sich geladen hat, schien mit den Händen greifbar zu sein. Aber auch für diese Schuld ist Jesus am Kreuz gestorben und hat Erlösung bewirkt. Für jeden Einzelnen. Die Frage ist nicht, ob man nach dem Gang durch Auschwitz noch an Gott glauben kann, sondern wie man noch an der Existenz des Bösen zweifeln kann.

An diesem Ort traf Albrecht erstmalig Benjamin Berger, einen **messianischen Juden,** dessen Großeltern in Auschwitz ums Leben gekommen waren.

Der Begriff **„messianische Juden"** bezeichnet eine wachsende Bewegung von Juden, die den christlichen Glauben an Jesus als den Messias teilen und dennoch bewusst an ihrer jüdischen Identität festhalten wollen. Im Dialog zwischen Christen und Juden wurde das oft als unvereinbarer Gegensatz angesehen. Die Kirche verlangte schon früh von allen ihren Mitgliedern eine endgültige Absage an das Judentum, die jüdische Synagoge wiederum untersagte ihren Mitgliedern den Glauben an Jesus. Heute jedoch wird vielen wieder deutlich, dass nicht nur Jesus selbst, sondern auch viele seiner Nachfolger in der frühen Kirche Juden waren und aus Überzeugung blieben. Der Glaube an Jesus war zu allererst ein jüdischer Glaube und nie als Absage an das Judentum gedacht. An diese frühe Tradition möchten „messianische Juden" heute anknüpfen. Sie wollen dem Juden Jesus folgen, ohne aber damit zwangsläufig ihre jüdische Identität aufgeben zu müssen.

Albrecht stand vor einer Gaskammer und war tief betroffen. Er weinte. Benjamin Berger schreibt in einem Bericht über diese Begegnung: *„Ein deutscher Bruder kam zu uns, ein Fürst nach seiner Abstammung, und er stand einfach vor uns und brach in Tränen der Reue und Umkehr aus. Wir fühlten, wie Gott in seinem Herzen wirkte und ihn wirklich traurig sein ließ in der Tiefe über das, was geschehen war. Aber gleichzeitig spürte er unsere Liebe. Wir sprechen viel über Vergebung, aber wer in Auschwitz steht und fühlt, was dort geschah, und weiß, dass es unter* *dem Kreuz Jeschuas des Messias eine Sündenvergebung gibt, fängt an zu verstehen, wie groß die Erlösung ist.*"[15]

Albrecht schämte sich an diesem dunklen Ort. Er ging zögernd auf Benjamin zu, nahm ihn in die Arme und gemeinsam weinten sie.

Mit dem Gebet *„Oh Gott, oh Herr, gib uns Tränen! Gib uns Tränen, dass wir darüber weinen können!"* stand Benjamin Berger erschüttert vor der Gaskammer. Er sagt: *„Ich dachte an mich selbst als Jude und wünschte mir, dass Gott mir Tränen gibt. Und ich dachte an die deutschen Geschwister. Und gerade als ich diesen Gedanken gedacht und dieses Gebet formuliert hatte, kam ein deutscher Bruder herein und weinte und wir fielen uns in Tränen in die Arme. Es war, als ob Gott ein Zeichen gegeben hat."*

Albrechts Sohn Alexander hatte auf dem Gelände von Birkenau eine Wiese entdeckt, auf der damals weiß gestrichene Holzkreuze und Davidsterne standen. Auf diesem Platz fanden sich die Reisenden zusammen, jeder konnte seine persönliche Betroffenheit äußern und Schuld und Scham bekennen. Auch Albrecht tat dies und zudem bekannte er die antisemitische Haltung seiner Familie und großer Teile des deutschen Adels. Er bat Benjamin um **Vergebung**, die dieser dann jedem Einzelnen zusprach.

Dieses Ereignis half ihm zu der Erkenntnis, dass persönliche Begegnung und die geteilte gemeinsame Betroffenheit heilend und tief gehend befreiend sein können.

Vergebung ist ein zentraler Bestandteil des jüdischen und des christlichen Glaubens. Sie wird in der Bibel als wichtigste Charaktereigenschaft Gottes genannt (Exodus 34,5-8; Psalm 103). Dabei hat Vergebung immer zwei Richtungen, eine vertikale und eine horizontale: „Sünden gegenüber Gott sühnt der Versöhnungstag, aber Sünden gegenüber den Mitmenschen sühnt er nicht, bevor nicht der Mitmensch um Vergebung gebeten wird." So lautet ein alter jüdischer Grundsatz, der auch von Jesus wiederholt aufgegriffen wird (Matthäus 6,14-15; Matthäus 18,35). Vergebung ist in der biblischen Tradition der „dritte Weg" zwischen den Extremen von Vergeltung und Vergessen. Schuld wird nicht ungeschehen gemacht, nicht verdrängt und auch nicht ewig nachgetragen. Sie bleibt bestehen und real, aber die Beziehung, die durch sie zerstört wurde, wird geheilt. Im letzten Abendmahl erklärt Jesus seinen Jüngern, dass sein Tod am Kreuz die Vergebung der Sünden gegenüber Gott bewirkt. Damit ist jedoch die Verpflichtung zu gegenseitiger Vergebung untereinander nicht aufgehoben, sondern im Gegenteil wird sie gerade dadurch zu einem Zeichen echter Jesus-Nachfolge: „Vergebt einer dem anderen, so wie auch Gott euch vergeben hat durch Jesus Christus" (Epheser 4,32).

* * *

Auf dem Rückweg, noch im Bus, gab es einen Gedankenaustausch aller Teilnehmer und Pfarrer Aschoff, Pfarrer Gottlob Hess und Albrecht besprachen, was sie vom Erlebten nun nach Hause mitbringen würden. Die Frage stand im Raum: Wie kann man alles umsetzen und andere teilnehmen lassen an dem, was sie gerade erlebt hatten? Jeder hatte sich sehr persönlich angesprochen gefühlt. Aus diesem Gespräch entstand die Idee der „Versöhnungswege", die dann sehr schnell durchgeführt wurde. Schon 1988 hatte es am fünfzigsten Jahrestag der Reichskristallnacht in vielen deutschen Kirchen Buß- und Vergebungsgottesdienste gegeben. Daran wollte man anknüpfen und das fünfzigste Jahr nach Kriegsende erneut zum Anlass nehmen, die Völker, mit denen Deutschland Krieg geführt hatte, um Vergebung zu bitten. In der Bibel heißt es in 2. Chronik 7,14: „Wenn dann mein Volk, über das mein Name genannt ist, sich demütigt, dass sie beten und mein Angesicht suchen und sich von ihren bösen Wegen bekehren, so will ich vom Himmel her hören und ihre Sünde vergeben und ihr Land heilen." Diesen Zuspruch bezog Friedrich Aschoff auch auf Deutschland – und Heilung hatte Deutschland dringend nötig.

* * *

Bis zum 8. Mai 1995 sollte das ganze Projekt abgeschlossen sein, denn *„Mit dem 8. Mai beginnt das 50. Jahr nach Kriegsende. Aus diesem Anlass werden wir praktische Schritte zur Begegnung und Versöhnung mit den damals kriegsführenden Völkern und Staaten gehen. Christen aus allen Konfessionen und Gesellschaftsschichten unseres Landes werden in die Länder fahren, die besonders gelitten haben, mit der Frage: ‚Könnt ihr uns vergeben?'"*

Mit diesem Aufruf fordern die Initiatoren der Versöhnungswege – Pfarrer Friedrich Aschoff, Weihbischof Dr. Franziskus

Eisenbach, Pfarrer Dr. Karl-Heinz Michel und mein Großvater – zum Mitmachen auf. Teilnehmen könne jeder, der *„bereit sei, sich verletzen zu lassen"*, wie Pfarrer Aschoff es ausdrückte. In insgesamt 27 Länder reisten schließlich Delegationen, um stellvertretend um Vergebung zu bitten. In persönlichen Begegnungen und feierlichen Gottesdiensten wurden Betroffenen, Angehörigen oder Stellvertretern die Gaben der Versöhnung – Wein, Brot und Salz – überreicht. Für diese Begegnungen wurde eine liturgische Ordnung erarbeitet, an die sich alle Delegationen hielten. Beinahe überall war die Reaktion überwältigend. Der Schritt auf einen anderen Menschen zu ist immer ein Weg. Ein Weg in die Richtung des Nächsten oder Übernächsten. Die „Versöhnungswege" führten in die meisten Länder, denen im Krieg von Deutschen Leid angetan worden war. Die Bitte um Versöhnung jedoch richtete sich an den Einzelnen. Die Hand wurde ausgestreckt und somit ein Zeichen gesetzt. Ob die Hand ergriffen werden würde, war nicht sicher. Doch vielerorts wurde sie gerne, ja bereits wartend und hoffend, dass sie einmal käme, angenommen. Und im selben Atemzug wurde nicht selten die andere Hand des Nehmenden ausgestreckt, um nun gleichfalls um Vergebung zu bitten. Damit schließt sich der Kreis. Eine feste neue Verbindung entsteht, wo zuvor nur ein Graben war.

* * *

Nicht wenigen stellt sich hier die Frage nach der Kollektivschuld bzw. der Stellvertretung. Kann ich als Einzelner persönlich und stellvertretend für mein Volk für etwas um Vergebung bitten, das meine Vorfahren getan haben? Was die Familie angeht, so muss es möglich sein, dass ich

Buße tue für das, was meine Eltern, Großeltern und weitere Vorfahren getan haben. Denn in der Bibel steht: „Denn ich, der Herr, dein Gott, bin ein eifernder Gott, der die Missetat der Väter heimsucht bis ins dritte und vierte Glied an den Kindern derer, die mich hassen" (2. Mose 20,5).

Darum müsste ich also auch die Möglichkeit haben, um Vergebung zu bitten und damit für die Schuld meiner Vorfahren zu büßen. Es wäre ja sonst unbegreiflich, wenn wir bis ins dritte und vierte Glied gestraft bzw. heimgesucht werden und nichts dagegen tun können. Zudem stammt das Zitat aus dem Alten Testament, dort gibt es vielfältige Stellen, in denen Menschen in Stellvertretung vor Gott kommen. So stellt sich Daniel bewusst als Nachgeborener zur Schuld seiner Väter und bittet Gott in einem Bußgebet um Vergebung: „Ja Herr, uns steht die Schamröte im Gesicht, unseren Königen, Oberen und Vätern, denn wir haben uns gegen dich versündigt" (Daniel 9,8. Siehe auch 1. Mose 18,20ff; 2. Mose 32,30-32).

Mit Jesus ist jede generationenübergreifende Belastung und Heimsuchung gebrochen. Denn er hat die Schuld bereits auf sich genommen, welcher Art sie auch sein mag. Die Schuld meiner Vorfahren, meiner Großeltern, meiner Eltern. Also kann sie sich nicht mehr auf meine Schultern niederlegen, wenn ich mich an Jesus ausrichte und dieses Gnadengeschenk annehme. Aber es ist ein Unterschied zwischen *schuldig sein* und sich *unter die Schuld stellen*.

Es gilt also, im Namen Jesu um Vergebung zu bitten – für mich oder meine Vorfahren – dann wird die Schuldenlast und -linie endgültig und unwiderruflich gebrochen.

Im 2. Korintherbrief 5,18 wird uns der Dienst der Versöhnung ganz konkret aufgetragen. Denn das alles kommt von Gott, der uns durch Christus mit sich versöhnt und uns den Dienst der Versöhnung aufgetragen hat. So können und dürfen wir – in seinem Namen – stellvertretend um Vergebung bitten.

Die „Versöhnungswege" endeten am 8. Mai 1995 mit einem Dankgottesdienst auf dem Odeonsplatz in München. Dort wurde auch berichtet, was die einzelnen Beteiligten in den verschiedenen Ländern erlebt hatten.

* * *

Zu der „Aktion Versöhnungswege" gab es einen Nachhall: Meine Großmutter las einige Monate nach dem Abschlussgottesdienst einen Zeitungsartikel mit der Überschrift „*Wir können nicht vergeben, weil uns noch niemand darum gebeten hat*", in dem es um den Ort Oradour ging. Dieser wurde durch das *Massaker von Oradour* 1944 bekannt, als die SS beinahe alle Einwohner umbrachte. Frauen und Kinder wurden in die Kirche getrieben und diese angezündet. Die Männer wurden erschossen. Es gab nur sechs Überlebende. Meine Großmutter schickte den Artikel an Friedrich Aschoff und nach langen organisatorischen Schwierigkeiten reisten sie im Jahr 2004 mit einer Gruppe nach Oradour. Es wurde ein sehr bewegendes Ereignis.

Auch wenn die Versöhnungswege offiziell einen Abschluss gefunden hatten, so sind sie doch ein Thema, mit dem mein Großvater nicht abschließen möchte. Im Jahr 2007 nahm er erneut an einer Reise teil, deren Ziel es war, Verletzungen zu heilen und Versöhnung zu suchen. Vom 9. bis 14. Mai reiste er gemeinsam mit Vertretern fränkischer Städte und Gemeinden nach Lublin in Polen. Auch eine Gruppe von Schülern reiste mit. Hierher, nach Izbica bei Lublin, waren im Dritten Reich jüdische Familien deportiert worden. Viele davon waren Franken, wie Nachforschungen ergeben haben. Etwa 8.000 deutsche Juden aus Franken, Aachen, Koblenz, Frankfurt am Main, Wiesbaden, Düsseldorf, Essen, Duisburg und dem restlichen Rheinland sowie aus Wien kamen 1942 in diesen Ort. Dazu kamen 2.600 tschechische Juden aus Theresienstadt und etwa 2.000 slowakische Juden. Izbica war eine Durchgangsstation in das Vernichtungslager Belzec. Dieses deutsche Lager war für die meisten dann die Endstation. So auch für die Eltern Walter Reeds, eines Überlebenden aus Mainstockheim nahe Castell, der ebenfalls an der Reise teilnahm. In seinem Reisebericht schreibt Albrecht: *„Auf dem Gedenkplatz in Belzec ist eine Betonwand mit den Vornamen der hier Ermordeten beschriftet. Walter Reed zeigt auf ‚Rica, meine Mutter‘, ‚Siegfried, mein Vater‘, ‚Kurt und Herbert, meine Brüder‘. Weinend steht er neben uns. Als ich ihn etwas ungeschickt umarme, spüre ich: Es tut uns beiden gut. Nun weiß ich, warum ich auf dieser Reise dabei bin."* Immer wieder ist es die persönliche Begegnung, die es ausmacht. Und wenn ein solcher Akt dazu führt, dass ein Einzelner seinen Frieden mit der Vergangenheit schließen kann, dann hat sich dieser Schritt gelohnt.

Im Gedenken und im Blick auf das „Nicht-Vergessen" wurde in Izbica ein Stein aufgestellt. Die Bronzetafel darauf trägt folgende Inschrift: *„Im Gedenken an die jüdischen Opfer des Holocaust – gewidmet von Gemeinden in Franken."*

Am 27. Juli 2014 trafen sich Mitglieder verschiedener Familien im Kaiserdom in Frankfurt, um Buße für den Beitrag ihrer Vorfahren zur Entstehung des Ersten Weltkrieges zu tun. Albrecht und Marie-Louises Tochter Philippa und Sohn Alexander gehörten zu den Initiatoren dieser Veranstaltung, die ein weiterer, tiefer und segensbringender Schritt auf den Versöhnungswegen war. Die Einladung zu dem Treffen stand unter dem Titel „Alle Ehre König Jesus". Familienmitglieder standen auf und bekannten in bewegenden Zeugnissen den Beitrag ihrer Vorfahren und Familien zum Ersten Weltkrieg. Die genannte Schuld legten sie ans Kreuz. Nach außen hin scheint es ein unscheinbarer Akt gewesen zu sein, in der unsichtbaren Welt jedoch ist hier viel frei- und in Bewegung gesetzt worden.

Über die „Versöhnungswege" wurden meine Großeltern für die Versöhnung zwischen Kriegsgegnern bzw. -opfern, speziell zwischen Deutschen und Juden, sensibilisiert. Der nächste, wahrscheinlich selbstverständliche und unausweichliche Schritt war, das Land und das Volk der Juden näher kennenzulernen.

Kapitel 8

Wachsende Liebe zum Heiligen Land

Ihr Königreiche auf Erden, singet Gott,
lobsinget dem Herrn!
Er fährt einher durch die Himmel,
die von Anbeginn sind.
Siehe, er lässt seine Stimme erschallen,
eine gewaltige Stimme.
Gebt Gott die Macht!
Seine Herrlichkeit ist über Israel
und seine Macht in den Wolken.
Wundersam ist Gott in seinem Heiligtum;
er ist Israels Gott.
Er wird dem Volke Macht und Kraft geben.
Gelobt sei Gott!

Psalm 68,33–36

Versöhnung auf den Spuren der Kreuzfahrer

In den letzten drei Jahren sind Christen aus den westlichen Ländern zu Fuß von Köln nach Jerusalem gegangen, um für die Untaten, die die Kreuzfahrer auf ihren Wegen begangen haben, um Vergebung zu bitten. Im Namen Gottes und unter dem Zeichen des Kreuzes sind damals grausame Dinge geschehen. Was vor 900 Jahren geschah, ist bei Moslems und Juden unvergessen und verdunkelt das Bild Jesu vor ihnen. Die Bitte um Vergebung ist an vielen Orten sehr positiv und bewegt aufgenommen worden. Am 15. Juli nahm ich zusammen mit meiner Frau und Enkelin Christina Salm in Jerusalem zusammen mit 500 Christen aus 43 Nationen an der Abschlusskundgebung dieses Versöhnungsweges teil. Am gleichen Tag vor 900 Jahren eroberten die Truppen des ersten Kreuzzuges Jerusalem und zogen mordend und plündernd durch die Stadt. Drei Delegationen des Versöhnungsweges besuchten den obersten Rabbiner von Jerusalem, Israel Lau, den griechisch-orthodoxen Patriarchen Diodoros I. und den moslemischen Führer Mufti Ikrahma Sabri. Wir übergaben Erklärungen, in denen um Vergebung für Gewalt und Mord durch Christen während der Kreuzzüge gebeten wurde. Für mich war diese Begegnung sehr bewegend. Aus unserer Gruppe heraus wurde ich als einer vorgestellt, dessen Vorfahre, Graf Ludwig zu Castell, nachweislich Kreuzzugsteilnehmer war. Meine stellvertretende Bitte um Vergebung für das, was damals geschah, wurde beantwortet von zwei Nachfahren Sultan Saladins, die sich in der Delegation des Mufti befanden. Die Bitte um Vergebung verwandelte die bis dahin reservierte Haltung in Offenheit und Herzlichkeit. Es ist ein Vorrecht von uns Christen, dass wir die Versöhnung, die Jesus für jeden von uns vor 2000 Jahren erwirkt hat, weitergeben dürfen und erleben, dass dadurch Beziehungen heilen.

Casteller Nachrichten, 1999

Auch und gerade im Bezug auf Israel sollte der Aspekt der Versöhnung eine entscheidende Rolle für meine Großeltern spielen. Die Beziehung zum Heiligen Land ist jedoch vielfältiger.

Die allererste Reise nach Israel unternahmen meine Großeltern 1976 mit dem Johanniterorden. Es war eine Sightseeing-Tour auf den Spuren der Kreuzfahrer zu den heiligen Stätten des Landes. Sie waren von der Reise begeistert und zugleich mit Stolz erfüllt, dass eigene Familienmitglieder damals die Kreuzzüge begleitet hatten. Im Rückblick sehen sie allerdings, dass sie in völliger Unkenntnis über die damaligen Geschehnisse waren und gelassen wurden.

Mit dieser Erfahrung auf den Schultern wurde eine Bußreise, an der meine Großeltern Jahre später teilnahmen, zu einem wegweisenden Erlebnis. Die Bitte um Vergebung wurde stellvertretend für die Verfehlungen der Kreuzfahrer, darunter auch ihre eigenen Familienangehörigen, sowie für sich persönlich, die einmal mit Stolz über die Kreuzzüge erfüllt waren, ausgesprochen. Ihre Enkelin Christina, die sie damals begleiten durfte, beschreibt ihre Eindrücke: *„Bei dieser Reise ging es darum, als Christ bei den Moslems um Vergebung für die Kreuzzüge zu bitten. Wir wurden mit Zetteln, auf denen unsere Bot-*

schaft in der Landessprache geschrieben war, durch die Altstadt Jerusalems geschickt und sollten stellvertretend um Vergebung für die Taten unserer Vorfahren bitten. Es war sehr beeindruckend zu sehen, wie präsent diese jahrhundertealte Geschichte bei den Moslems ist und wie sehr sie berührt wurden durch unsere Bitte um Vergebung." Die Reise stellte einen starken Kontrast zu ihrem ersten Besuch dar, da sie mit einem völlig neuen Bewusstsein für die Geschichte des Landes dort hinfuhren. Der Artikel aus den Casteller Nachrichten, der diesem Kapitel voransteht, schildert diese Reise.

1995 lud mein Großvater anlässlich seines siebzigsten Geburtstages 28 Familienmitglieder zu einer Reise in das Heilige Land ein. Ich war damals 15 Jahre alt und durfte teilnehmen. Es war eine ganz besondere Reise. Zum ersten Mal in meinem Leben kam ich nach Israel. Für jeden, der die Bibel gelesen hat, muss dies eine beeindruckende Erfahrung sein. Plötzlich nehmen die Geschichten und das Gehörte Gestalt an. Man kann die Orte besuchen, von denen die Bibel erzählt, man geht auf den Wegen, auf denen bereits Jesus gegangen ist.

Es war mir damals schon aufgefallen, dass meine Großeltern eine starke Beziehung zu Israel hatten: Interesse und eine wachsende Liebe zu dem Land und den dort lebenden Menschen. Heute sehe ich, nicht zuletzt durch den intensiven Austausch mit meinen Großeltern zu diesem Thema, die inneren Beweggründe für diese Hingabe noch klarer.

* * *

Viele Male sind Albrecht und Marie-Louise nach Israel gereist. Häufig hörte man in der Familie die Worte meines Großvaters nachhallen: „Das war unsere letzte Reise." Bislang war es noch nie die letzte! In der Familie jedoch waren die Themen „Israel" und „Juden" nicht immer beliebt. Ihre Tochter Philippa erzählt: *„Meinen Eltern waren die Juden schon lange ein Anliegen, viele Gespräche gingen über sie und ihre Freunde in Israel. Zeitweise hatten sie kein Ohr für andere Themen, die ihre Kinder beschäftigten, sie waren ganz eingenommen von Israel. So habe ich dieses Thema für mich lange abgelehnt. Das war Angelegenheit der Eltern; da ist kein Platz und keine Notwendigkeit für mich. Aber dann hat sich meine Einstellung gewandelt: Auf der EXPLO, einer Konferenz für Christsein im Alltag in Basel an Silvester 2004, habe ich gemerkt, dass Israel und die Juden auch mein Thema sind. Bei einem Vortrag und im Lobpreis wurde mir plötzlich klar, dass Israel sehr wohl ein entscheidendes Glaubensthema für mich ganz persönlich ist. Ja, es hat mich umgeweht und mein Leben tief verändert. Ich konnte danach meine Eltern um Vergebung bitten für die Ignoranz und Abfälligkeit ihnen gegenüber, befassten sie sich doch schon lange mit Israel und ich hatte das Thema über Jahre abgelehnt. Mein Leben wurde danach bereichert. Den in der Bibel verheißenen Segen, der allen zuteil wird, die Israel segnen, kann ich jeden Tag in meinem Leben spüren."*

Immer wieder haben meine Großeltern das eine oder andere Enkelkind mit auf ihre Reise genommen – zum einen, weil sie der englischen Sprache nicht genügend mächtig sind und einen Übersetzer brauchten, zum anderen, weil sie uns gerne an dem teilhaben lassen wollten, was sie dort erlebten. Ich selbst war dreimal mit ihnen in Israel. Jedes Mal war es eine ganz besondere Erfahrung. Auch meine Cousine Christina berichtet: *„Ich durfte sie insgesamt viermal begleiten und jedes Mal waren es für mich besondere Erlebnisse. Am tollsten war es,*

die Großeltern selbst zu erleben, weil sie dort regelrecht aufblüh-
ten. Sie gehen auf jeden Menschen mit großer Offenheit und
Liebe zu und jeder öffnet sich ihnen auf die gleiche Weise. Frem-
de Menschen küssen und umarmen den Opapa – das würde sich
hier niemand trauen. Sie haben unglaublich viele Freunde in
Israel und übernehmen treu Verantwortung für viele Projekte
und Menschen dort."

Die verschiedenen Berichte der Israelreisen sind ein schöner
Spiegel für die Beziehung, die zum Heiligen Land und den
dort lebenden Menschen gewachsen ist. Daher möchte ich im
folgenden Teil ein paar Ausschnitte aus den Reiseberichten
meines Großvaters wiedergeben.

Im Jahr 1989 lud Larry Christenson meine Großeltern ein,
am Jerusalem „Pentecost Vigil", einem Treffen mit führenden
Leitern der charismatischen Erneuerung aus 30 Kirchen, teilzunehmen. Es waren etwa 120 Personen, viele davon aus Afrika
und Asien. Es ging darum, eine Vision zu bekommen, wie
in Gottes Augen Evangelisation bis zum Jahr 2000 aussehen
müsste. Dazu gab es Bibelarbeiten, die mit Vollmacht gehalten
wurden, Lobpreis, Gebet und Stille Zeit. Einige Leiter großer
Kirchen waren anwesend. Die Patres Tom Forrest und Raine-
ro Cantalamessa aus dem Vatikan, Helmut Nicklas vom CVJM
München, Dr. Kriengsak Chareonwongsak, der Gründer der
Hope of Bangkog Church, Laurent Fabre, der Gründer der
Gemeinschaft Chemin Neuf aus Frankreich und der lutherische Bischof Ganaka aus Nigeria, um nur einige zu nennen.
    Das Hauptthema des Treffens war die Einheit. Und Larry
Christenson predigte: *„Nur die geeinte Kirche kann die kom-*
plette Botschaft Jesu der ganzen Welt bringen. Es gibt die Erzäh-

lung vom Fischzug in Lukas 5. Das Problem sind nicht die zu fangenden Fische, sondern die Fischer, die oft nicht bereit sind, das Boot, also ihre Arbeit, leiten zu lassen oder andere Fischer in ihren Booten um Hilfe zu bitten. Will einer das Netz alleine einholen, gehen viele Fische verloren."

Trotz getrennter Abendmahlsfeier spürten meine Großeltern dort eine sehr starke Sehnsucht nach Einheit und liebevollen Beziehungen zwischen den Anwesenden in all ihren Konfessionen. Ihnen wurde klar: Je mehr der Einzelne und die Kirche sich dem Heiligen Geist öffnen, desto mehr kommen wir der Einheit näher, die als Zeugnis für die Welt so notwendig ist.

1998 besuchten die Großeltern in Israel das israelische Ehepaar Hahn, zu dessen Familie sie dort wohl die engste Beziehung haben. Mein Großvater schreibt: *„Lothar und Agi Hahn luden uns zum Abendessen ein. Lothar hatten wir bei einem Gruppenbesuch zur Einweihung der wieder aufgebauten Synagoge in der Kreisstadt Kitzingen in Castell kennengelernt. Er ist in Kleinlangheim in der Nähe von Castell aufgewachsen und führt ein Spielzeuggeschäft in Jerusalem. Agi ist Ungarin. Im Alltag sprechen die beiden deutsch miteinander. Wir fühlen, dass sie uns gerne haben, und es war ein schönes Wiedersehen."* Ich erinnere mich selbst an einen Besuch bei der alten Dame Agi Hahn, nachdem ihr Mann bereits verstorben war. Mit liebevoller Zuneigung hing Agi an meinen Großeltern. Auch nach Lothars und Agis Tod ist ein Besuch bei Hahns ein fester Bestandteil jeder Israelreise. Die Freundschaft zu ihrem Sohn Shimon, dessen Frau Ofra und den Kindern hat sich zu einer herzlichen Beziehung entwickelt.

1999 durften mein Bruder Nikolaus, meine Cousine Christina und ich die Großeltern nach Israel und Jordanien begleiten. Anlass war die Übergabe des „Prince of Peace Price", den König Abdullah stellvertretend für seinen Vater, den verstorbenen König Hussein, verliehen bekam. Auf dieser Reise wurden uns drei Enkeln die Augen für die Versöhnungs- und Vergebungsanliegen meiner Großeltern geöffnet. Die Reaktion der Menschen auf seine Bitte um Vergebung war tief und berührend. Mein Bruder Nikolaus hat das folgendermaßen festgehalten: *„Noch viel beeindruckender war allerdings die auf eine Ansprache meines Großvaters folgende Manifestation dessen, was die Versöhnungswege bedeuten. Das war mir bis zu jenem Augenblick schleierhaft geblieben. Es war die Umarmung mit dem jüdischen Ehepaar aus Jerusalem, diese einfachste Art, gegenseitig gefühlte Verbundenheit auszudrücken. Und noch viel eindringlicher war das Sich-Luft-Machen jener aufgedonnert wirkenden Dame, die erzählte, bis zu diesem Augenblick einen regelrechten Hass auf alles Deutsche gehabt zu haben. Die Erkenntnis, zu der ich daraufhin kam, war so simpel, dass es beinahe wieder erschreckend war: Schon ein einziger Mensch, der sich durch Opapas Satz: ‚Ich entschuldige mich dafür!' besser fühlt, rechtfertigt die ganze Sache. Dass es bei der Versöhnung um Individuen und nicht um Volksmassen geht, war mir bis zu jenem Tag nicht klar gewesen."*

* * *

Vom 17. bis 22. April 2001 führte ein besonderes Anliegen meine Großeltern erneut nach Israel. Ihr Sohn Alexander, seine Tochter Dorothea und ich durften sie begleiten. Die Reise fand auf Einladung der evangelischen „Marienschwesternschaft" aus Darmstadt zu einer Bußkonferenz in Jerusalem statt. Dort sollte ein gemeinsames Schuldbekenntnis abgelegt und Buße für das getan werden, was Christen dem Volk der Juden über die Jahrhunderte an Leid zugefügt haben. Die Marienschwestern setzen sich seit ihrer Gründung 1947 intensiv für den christlich-jüdischen Dialog ein und zeigen in beispielhafter Weise ihre Liebe zum auserwählten Volk Gottes. Sie sind eine der ersten Gruppen, die Deutschland zur Buße für die begangene Schuld gegen die Juden aufgerufen haben. Die Reise schloss an den Besuch von Papst Johannes Paul II. im Jahr 2000 in Jerusalem und seiner dort vorgebrachten Bitte um Vergebung an. Sie sollte eine Gelegenheit sein für ein persönliches Gedenken der Städte und Gemeinden, deren Namen im „Tal der Gemeinden" in *Yad Vashem* zu finden sind.

Weniger Teilnehmer als erhofft und doch mehr als erwartet nahmen den Aufruf zu dieser Reise an. So kamen etwa 100 offizielle Abgeordnete aus etwa 50 deutschen Städten und Gemeinden nach Jerusalem. Auch rund 500 Teilnehmer aus den USA, Großbritannien, den Niederlanden, der Schweiz und anderen Ländern versammelten sich zu diesem Anlass in Jerusalem. Für viele war es die erste Reise ins Heilige Land und das spezielle Anliegen wurde vor allem von den jüdischen Israelis mit großer Offenheit angenommen und begrüßt. Die Anwesenden gaben eine Erklärung ab, mit der sie sich bewusst unter die Schuld ihrer Gemeinden und ihres Volkes stellten und um Vergebung baten. Der damalige Bürgermeister von Jerusalem, Ehud Olmert, sagte in seiner Ansprache: *„Ich möchte wirklich glauben, dass sich in Ihrer Erklärung der neue Geist widerspiegelt, der heute in Deutschland aufbricht. Und darum glaube ich, dass zwischen dem neuen Deutschland und dem jüdischen Volk ein echter Geist der Versöhnung möglich ist."*

Yad **Vashem**, die Holocaust-Gedenkstätte in Jerusalem, wurde 1953 durch einen Beschluss des israelischen Parlaments (Knesset) gegründet und mit den außerordentlichen Aufgaben betraut, die Geschichte der Juden im Holocaust zu dokumentieren, das Andenken an jedes einzelne der sechs Millionen Opfer zu bewahren und durch Projekte und Aktivitäten des Archivs, der Bibliothek, der Museen sowie durch die Anerkennung „der Gerechten unter den Völkern" das Vermächtnis des Holocaust den nächsten Generationen zu übermitteln.[16] Auf einer Fläche von etwa einem Hektar wird im „Tal der Gemeinden" auf 107 Steinwänden der über 5.000 jüdischen Gemeinden, die während der Shoa ganz oder teilweise vernichtet wurden, gedacht.

Am 19. April nahmen meine Großeltern auch an den Veranstaltungen zum nationalen Holocaust-Gedenktag in Jerusalem teil. Ich durfte sie begleiten, um zu übersetzen. Es war ein wirklich beeindruckendes Erlebnis. Mein Großvater spürte Betroffenheit, als wir – die Deutschen – einen Ehrenplatz bekamen, um an der Feier teilzunehmen. *„Wie komme ich dazu, bei diesem Anlass auf einem Ehrenplatz zu sitzen? Ich habe mich geschämt, denn ich gehöre ja zu dem Volk, das diese Verbrechen geplant und durchgeführt hat – Vernichtung, Ausrottung, Endlösung. Das war das Programm, ein deutsches Programm, von unseren Landsleuten erdacht und vollzogen. Ich bekenne mich zu diesen bedrückenden Geschehnissen unserer Geschichte. Es ist die Geschichte unseres Heimatlandes, meines Vaterlandes, der deutschen Nation."*

Ich selbst hatte gänzlich andere Gefühle. Ich fand es spannend zu erleben, wie Israel mit dem Gedenken an dieses schreckliche Ereignis umgeht. Zeitzeugen erzählten, wie sie überlebt haben.

Vor allem die israelische Jugend nimmt an diesem Gedenktag teil. Für die jungen israelischen Soldaten ist es sogar eine Pflichtveranstaltung. Ich erinnere mich noch genau an die junge Israelin, die mich bei der Sicherheitskontrolle durchsuchte. Als sie erfuhr, dass ich Deutsche bin, war sie erstaunt, aber sehr interessiert und freundlich. Ich habe damals gespürt, dass ich frei von der Belastung der Schuldfrage bin. Vielleicht, weil meine Großeltern in die Bresche gesprungen sind, um Vergebung gebeten und somit für unsere Generation in der Familie Freiheit erwirkt haben? In 2. Mose 20,5f heißt es: „Denn ich, der HERR, dein Gott, bin ein eifernder Gott, der die Missetat der Väter heimsucht bis ins dritte und vierte Glied an den Kindern derer, die mich hassen, aber Barmherzigkeit erweist an vielen tausenden, die mich lieben und meine Gebote halten."

Immer wieder begegne ich der Frage, warum es nötig ist, dass sich jemand hinstellt und um Vergebung bittet für etwas, was er selbst nicht getan hat. Nach unserem christlichen Glauben ist alle Schuld sowieso durch Jesu Tod und Auferstehung vergeben. Das ist die Wahrheit. Daran besteht kein Zweifel.

Ich glaube jedoch, dass einen das, was die Eltern oder Vorfahren getan haben, wirklich belasten kann. Ein praktisches Beispiel: Wir müssen Geldschulden, die unsere Eltern uns hinterlassen, bezahlen. Und das, obwohl wir keinen Beitrag dazu geleistet haben und keinen Vorteil daraus genießen konnten. Müssen wir dann nicht also auch für „geistliche"

Schulden einstehen? Ich denke ja. Die gute Nachricht ist, dass wir die Vergebung der Sünden umsonst bekommen, denn Jesus hat bereits dafür bezahlt. Und so glaube ich, dass man auch von der Last anderer Generationen, in Jesu Namen, befreit werden kann. Das bestätigt sich mir, wenn ich fühle, dass mir die Schuldenlast genommen zu sein scheint, weil meine Großeltern um Vergebung gebeten haben. Mein Cousin Felix sieht es ebenso. Auch er fühlt sich in diesem Bereich sehr frei, sieht aber bei manchen seiner Freunde eine starke Hemmung.

* * *

2003 führten die Feierlichkeiten anlässlich des 50. Jubiläums von Yad Vashem meine Großeltern wieder nach Jerusalem. Sie waren eingeladen, weil Albrecht im Freundeskreis von Yad Vashem in Deutschland im Vorstand mitarbeitete. Das ist ein Verein, der das Anliegen dieser zentralen Gedenkstätte für die sechs Millionen ermordeten Juden bewahrt und mit verschiedenen Aktionen bekannt macht. Meine Cousine Christina und ihr Mann Raphael begleiteten die beiden. Auf ihre Fragen hin berichtet mein Großvater, wie es eigentlich dazu gekommen ist, dass ihn das Holocaustgeschehen und die Judenfrage so beschäftigen:

„Es hat damit begonnen, dass Juden aus Kitzingen uns besucht haben. Marie-Louise und ich spürten, dass wir sie um Vergebung bitten sollten, weil von unseren Familien im Dritten Reich kein Mitgefühl und kein Bedauern, keine Anteilnahme oder gar Protest zu hören gewesen waren, als ganz normale, ehrenwerte Mitbürger verhaftet und mit unbekanntem Ziel abtransportiert und deportiert wurden. Und das alles nur, weil sie jüdischen Glaubens waren. Die Gleichgültigkeit war das Grundübel dieses Fehlver-

*haltens damals. […] Nicht wissen wollen, aber ahnen; vermu-
ten, aber schweigen. Das ist ebenso verwerflich, wie bei diesen
menschenverachtenden Verbrechen mitzuhelfen und zuzuschau-
en. Die Bitte um Vergebung für das Verhalten unserer Familien
hat in uns freundschaftliche Beziehungen zu Juden entstehen
lassen und unser Interesse an der jüdischen Geschichte geweckt.
Das war der Anfang von den Versöhnungswegen, die uns in vie-
lerlei Richtungen mit Menschen zusammengeführt haben, die
noch unter den Wunden und Verletzungen leiden, die ihnen in
Deutschland oder durch Deutsche zugefügt wurden."*

Diese Reise zum 50. Jahrestag der Gründung von Yad
Vashem bedeutete für meinen Großvater einen weiteren
Schritt auf seinem Weg der Versöhnung.

* * *

Ein Bericht über eine Reise im Februar 2004 beginnt folgendermaßen: *„Als wir vor vielen Jahren zum ersten Mal nach Israel
fuhren, wollten wir das Land – das Heilige Land – kennenlernen.
Wir kannten damals niemanden dort. Jetzt sind es die Menschen,
zu denen wir fahren."* Die Verbundenheit zu Israel ist mit den
persönlichen Beziehungen stark gewachsen.

Immer wieder besuchten sie auch den Ort Latrun, an dem
die Gnadenthaler Brüder leben und arbeiten. Es ist ein Ort, an
dem sich Palästinenser, Christen und Juden treffen können.
Ein stiller Ort des Gebets und der Begegnung, von dem Segen
ausgeht.

Auf einer Reise im Oktober 2004 lernten die Großeltern Robert Stearns kennen. Er ist mit den Worten meiner Großmutter *„ein begnadeter Lobpreissänger und Organisator von geistli-*

chen Aufführungen." Vor 15 Jahren hat er die „Eagles' Wings"[17] Dienste gegründet und fordert die Christen unermüdlich auf, für Israel und die jüdischen Menschen zu beten. Durch ihn vertiefte sich das Verständnis meiner Großmutter für die Bedeutung der Juden. Bereits in Craheim hatte sie beim Vortrag von Benjamin Berger gehört, dass man nicht vergessen dürfe, dass die Wurzeln unseres christlichen Glaubens im Judentum liegen: „Rühmst du dich aber, so sollst du wissen, dass nicht du die Wurzel trägst, sondern die Wurzel trägt dich", sagt Paulus klar im Brief an die Römer (11,18).

Robert Stearns und seine Frau Ana kamen öfter nach Castell und einmal veranstalteten sie in der Synagoge in Kitzingen einen Abend zum Thema „Gott loben, wie David es tat", der großen Anklang fand.

Im Jahr 2004 lud er meine Großeltern zu einem Tag des Gebets nach Jerusalem ein und bat Albrecht, dort eine Ansprache zu halten. Meine Großmutter erzählt: *„Dadurch lernten wir Mitglieder der Knesset, des israelischen Parlaments, kennen. Sie gehörten zu einer Arbeitsgruppe, die für Kontakte mit christlichen Gruppen zuständig ist. Sie wissen, dass die Christen die treuesten Unterstützer Israels sind. Bei dem anschließenden Empfang sagte der oberste Rabbiner, dass es ihn sehr berührt habe, wie wir die Bibel ehren, und dass er es sich wünschen würde, dass die Tora von den Juden auch so verehrt werden würde."* Diese Kontakte zur Knesset sind wichtig und sollen gepflegt werden. Mein Großvater will die Chance nutzen, diesen Politikern, die sich mit Beziehungen zu christlichen Gruppen auseinandersetzen, den Kontakt zu den messianischen Juden in ihrem eigenen Land nahezulegen.

* * *

Im Januar 2005 besuchten meine Großeltern auf Einladung Christoph Häselbarths, der ein geistlicher Berater, Seelsorger und Freund ist, Jerusalem. Dort nahmen sie mit ihm an einem Treffen des Leiterkreises der deutschen „Mütter- und Väter-Bewegung" mit jüdischen und arabischen Gemeindeleiterpaaren teil. Die Bewegung soll Christen in ihre geistliche Verantwortung für ihr Vaterland hineinführen und sie ermutigen, als geistige Väter und Mütter zu leben und für andere erkennbar zu werden. Mein Großvater erzählt von weiteren Treffen in den Jahren 2006 und 2007: „*Wir haben auf diesen Seminaren erlebt, wie nötig, schwierig, mühsam, aber vor allem wie verheißungsvoll die Versöhnung zwischen christlichen Arabern und messianischen Juden ist.*" Er beschreibt, wie sich die Teilnehmer aus der deutschen Gruppe in einem Kreis um die anwesenden Juden und Araber stellten und beteten. „*Es war ein langer Kampf: Zuerst wurden gegenseitige Vorwürfe laut, zum Beispiel: ‚Eure Kinder dienen in der Armee und kämpfen in militärischen Einsätzen gegen uns' oder von der anderen Seite: ‚... von Euch werden permanent Raketen auf unser Land abgefeuert.' Und es stimmt, beide Seiten handeln zwar aus Liebe zu ihrem Land und im Willen zur Verteidigung, aber beide Seiten sind auch oft von Wut und dem Drang nach Vergeltung gesteuert.*" Menschlich rationale Bemühungen werden dabei nicht helfen können: Die stärksten politischen Kräfte dieser Welt haben bereits seit Jahren versucht, zu vermitteln und zum Frieden zu verhelfen. Es wurde auf höchster Ebene und mit sehr hohen Geldsummen verhandelt, um Frieden zu erreichen. „*Wenn wir das Ergebnis ganz nüchtern betrachten*", stellt mein Großvater fest, „*hat es keinen Erfolg gebracht. Es hat sich nichts Grundlegendes geändert, ja manchmal hat man sogar das Gefühl, dass immer wieder neue Kampfherde entstehen und Auseinanderset-*

zungen geführt werden." Auch Albrecht war jahrelang ratlos. *„Doch dann erlebte ich Versöhnung tief verletzter Menschen, die aus eigener Kraft nicht in der Lage waren, um Vergebung zu bitten und Vergebung zu gewähren. Nun haben wir selbst gesehen, dass es geschehen kann.*" Er bezieht sich dabei auf die gerade beschriebene Begegnung zwischen Juden und Arabern auf dem Treffen der Mütter- und Väterbewegung in Jerusalem. Es war ein hartes Ringen, es waren lange schwere Stunden. *„Wir, die wir nicht in Israel leben, wurden mit hineingenommen in diesen Vergebungskampf. Wir wurden zu Beteiligten und Betroffenen. Betend standen wir um die Gruppen herum, als der Durchbruch kam. Nicht durch unser Bemühen, nicht durch gutes Zureden, nicht durch irgendwelche Versprechungen – nein, allein durch die Kraft des Heiligen Geistes.*"

Seitdem hat Albrecht Hoffnung auf Frieden im Heiligen Land und spürt, dass es hier eine besondere Aufgabe und Verantwortung gibt. *„Wir können helfen, dass es zu solchen Begegnungen kommt; dass man diese inneren Gräben und Zäune zur Sprache bringt; dass man vor Gott bekennt, wie unfähig wir sind, versöhnt miteinander zu leben. Wir können helfen, indem wir uns miteinander nach der Gnade der Vergebung ausstrecken. Versöhnung geschieht durch Vergebung. Das ist die Grundregel – man kann es auch Geheimnis nennen – obwohl es erlebte Praxis der Christen ist. Ich muss selber diesen Schritt gehen und dann kann ich andere, die sich dabei schwertun, begleiten. Wir können uns neben sie stellen und ihnen unsere Liebe, aber auch unsere Erfahrung vermitteln. Ist das nicht eine großartige Möglichkeit? Ich glaube, dass Versöhnung immer zwischen den Einzelnen, zwischen Personen beginnen muss. Dann kann dieses Beispiel hineinwirken in die Familien und Gemeinden, aber auch in größere Räume* der Gesellschaft, sogar in Länder." Er spezifiziert: „Diese Erfahrung und diese Erkenntnis wünsche ich auch den Politikern, die sich ja oft mit großer Mühe und bewundernswertem persönlichen Einsatz dafür engagieren, den Frieden herzustellen. Aber noch einmal: Der Erfolg ist klein, man kann auch sagen, dass sich bisher fast noch gar kein Erfolg gezeigt hat."

Wir Christen leben aus der Vergebung, deshalb haben wir auch einen Auftrag zur Versöhnung. Paulus schreibt im Korintherbrief: „So sind wir nun Botschafter an Christi statt" (2. Korinther 5,20). Demnach brauchen wir nicht Partei zu ergreifen und uns auf die jüdische oder arabische Seite zu schlagen. Wenn wir den Blick und den Wunsch nach Frieden in unser Herz nehmen, werden wir durch Gespräch, Information und vor allem durch unser Gebet eine Möglichkeit finden, einen Beitrag zur Versöhnung im Nahen Osten zu leisten.

* * *

Im März des Jahres 2005 durften mein Bruder Max und mein Cousin Felix die Großeltern nach Israel begleiten. Diesmal ging es zur Einweihung des neuen Museums in Yad Vashem. Dazu kamen Staatsvertreter aus über 40 Nationen nach Jerusalem. Mit einem würdigen Festakt wurde das Museum eröffnet. Mein Großvater ist immer wieder tief betroffen von dem Denkmal Yad Vashem: „Ich gehe allein ins Tal der Gemeinden. Dort packt mich jedes Mal Betroffenheit und Erschütterung und immer wieder die Frage: Wie konnte das geschehen – in Burghaslach – Kitzingen – Prichsenstadt – Laubach und den vielen Orten, zu denen ich eine Beziehung habe?"

Auf dieser Reise besuchten sie auch ihren Freund Marcel Rebiai, den sie bei der Begegnung mit den messianischen Leitern in Jerusalem kennengelernt hatten. Max erzählt von dem Besuch: *„Es war ein kleines, unscheinbares Haus unweit der berühmten Schutzmauer, von der die Familie Rebiai immer wieder betonte, sie würde Leben retten, es sei gut, dass es sie gibt. Beiläufig erwähnten sie, es würden jetzt hier bei ihnen in der Straße auch nicht mehr so viele Molotowcocktails fliegen.“* Diese recht plastische Begegnung mit dem erschütternden Alltag in Jerusalem ist meinem Bruder deutlich in Erinnerung geblieben. Er fährt fort: *„Die Familie zeigte ganz offen, dass Jesus einen hohen Stellenwert in der Familie und im Leben der Einzelnen hat. Und dass es als Jude dennoch selbstverständlich ist, Jude zu bleiben, wenn man den Messias erkannt hat – auch wenn er nicht streng nach den jüdischen Gesetzen lebt. Von diesen fühlen sie sich genau wie die ‚normalen‘ Christen auf Basis der Evangelien teilweise befreit.“* Das Festhalten an jüdischen Traditionen zeigt sich zum Beispiel an der Sabbatfeier, zu der die Besucher aus Deutschland mit großer Selbstverständlichkeit eingeladen wurden.

Die bislang letzte Reise führte meine Großeltern im November 2007 – hauptsächlich um Freunde zu besuchen – ins Heilige Land. Jedes Mal, wenn sie nach Israel reisen, geben sie einen Empfang für alle, die sie in Jerusalem kennen. Dort treffen sich Juden, messianische Juden, Christen verschiedenster Konfessionen, Deutsche, Israelis und andere. Ein arabisches Ehepaar, das sie einmal einluden, durfte aus Bethlehem nicht einreisen. So ist die zerrissene Lage des Landes immer wieder deutlich spürbar. Insbesondere mit dem Ehepaar Ansbacher aus Würzburg, dem Ehepaar Loval aus Bamberg und Herbert Selig aus Zeilitzheim – alles aus Franken stammende Juden, die nun in Israel leben – verbindet meine Großeltern eine tiefe Freundschaft. Obwohl sie eigentlich nur deutsche Besucher sind, versammeln meine Großeltern dort Menschen, die unterschiedlicher kaum sein könnten. Eine bunte Mischung, die zu interessanten Begegnungen und Gesprächen führt und die Vielfältigkeit ihrer Reisen und Beziehungen in Israel widerspiegelt.

Kapitel 9

Hoffnung und Enttäuschung

„Hat unsere Kirche die Vergebung vergessen?"

Albrecht Fürst zu Castell-Castell

Mein Großvater engagierte sich aktiv in der evangelischen Landeskirche. Neben dem laufenden Betrieb in Castell war dies jahrelang sein zeitaufwendigstes Interesse. Wenn er an diesen Zeitraum, in dem er Aufgaben und Mandate in seiner Kirche wahrgenommen hat, zurückdenkt, werden schöne Erinnerungen, aber auch manche Enttäuschungen lebendig. In einem Interview berichtet er aus seiner Zeit in der Landessynode, dem obersten Leitungsorgan der evangelischen Kirche in Bayern.

* * *

Du warst von 1971 bis 1983 in der Landessynode tätig. Kannst du erzählen, wie es dazu gekommen ist? Warum hast du damals diese Aufgabe übernommen?

„Als ich im Jahr 1971 gefragt wurde, ob ich bereit wäre, für die Landessynode der evangelisch-lutherischen Kirche in Bayern zu kandidieren, habe ich nicht lange überlegt, sondern zugesagt. Ich war schon seit fünf Jahren Lektor, habe also anhand einer Lesepredigt Gottesdienste gehalten, wenn der Pfarrer verhindert war. Kurze Zeit später durfte ich auch selbst Predigten verfassen, weil ich zum Prädikanten ernannt wurde. Beides bereitet mir bis heute große Freude. Ich habe gemerkt, dass ich den Predigttext selber verstanden haben muss, wenn ich ihn als das Wort Gottes erläutern und verkündigen soll. Es geht nicht immer um eine Erklärung, sondern meistens um die Übertragung des Textes in das Leben hinein, damit ich mir selbst und auch die Zuhörer sich ihre Gedanken machen können. Natürlich ist das auch mit der Frage verbunden, was es mir persönlich zu sagen hat. Ich habe mir mit der Predigtvorbereitung immer sehr große Mühe gegeben. Oft brauchte ich Tage oder sogar auch eine Woche lang, um den Text

in mir zu bedenken. Das Niederschreiben ging dann anschlie-
ßend meistens schnell. Außerdem war mir noch eine weitere Sache
besonders wichtig. Der Prediger sollte seinen Zuhörern, d. h. der
Gemeinde, Zeit zum Aufnehmen, Denken und Überlegen geben.
Weil mir genau das – etwas Zeit – oft fehlt, um im Gottesdienst
über die gehörten Impulse nachzudenken, habe ich als Prediger
auf die Stille nach der Predigt immer Wert gelegt. Von der schönen
Arbeit als Lektor und Prädikant erfüllt, war ich also sofort bereit,
auch weitere Aufgaben in meiner Kirche zu übernehmen."

Die Gottesdienste, zu denen mein Großvater viele Jahre lang
als Prädikant eingeladen war, brachten ihn sowohl in vertraute
als auch in nicht so bekannte Gemeinden. Im Gespräch fügt
er noch hinzu: „*Und sicherlich bedeutete diese Aufgabe für mein*
Leben und meinen Glauben eine wesentliche Bereicherung. Es
ist interessant, dass die Synodentagungen nur einmal im Jahr in
München und sonst im Wechsel in anderen bayerischen Städten
stattfanden. So sind wir in viele Städte gekommen und haben die
jeweiligen Verhältnisse kennengelernt. Ich denke gerne an die
Besuche zurück. Ich habe vor allem während meiner Arbeit im
Berufungsausschuss und im Landessynodalausschuss tiefe Ein-
blicke in die Landeskirche, die Struktur, ihre Problematik und
Defizite gewonnen. Und weil es ja meine Kirche ist, habe ich
das sehr ernst genommen. Es war eine gute Zeit, in der ich viel
gelernt habe."

Aber zurück zur Landessynode: „*Nun war ich also Synodaler*
meines Wahlkreises in München. Ich hatte mir schon sehr bald
nach der Übernahme der Leitung meines Unternehmens hier in
Castell klargemacht, dass ich für die verschiedenen Bereiche selbst-
verantwortliche und selbstständig leitende Mitarbeiter brauche. So

lag es an mir, meinen persönlichen berufsbedingten Zeit- und Kraft-
aufwand einzuteilen. Ich glaube, dass mir das ganz gut gelungen
ist. Meine leitenden Mitarbeiter spürten, dass ich ihnen vertraue,
auf sie höre und meistens" – hier lacht er kurz vergnügt – *„keine*
einsamen Entscheidungen fälle. In der Landessynode wurde ich
schon bei den ersten Wahlen in den ständigen Landessynodalaus-
schuss gewählt. Dieses Vertrauen hat mich stark berührt und für
die Wahrnehmung dieser Aufgabe und das Einbringen von Zeit
und Kraft ermutigt." Die Synode, führt er weiter aus, hat in
der Regel zwei Vollsitzungen; jeweils eine Woche im Herbst
und Frühjahr. Der ständig tagende Landessynodalausschuss
kommt regelmäßiger zusammen; zur Beratung und Vorbereitung von Gesetzen und zur Vorentscheidung von wichtigen
Fragen. *„Dabei habe ich schnell erkannt, was die Anforderung*
an uns war: Kirche ist eine Organisation, die den Zwängen der
Bürokratie und der hierarchischen Ordnung genauso ausgesetzt
ist wie jede andere weltliche Organisation. Mehr Zeit benötigte
ich, um zu verstehen, dass nicht alle Entscheidungen und gesetz-
lichen Bestimmungen einen bedeutenden und tiefen geistlichen
Gehalt hatten, im Gegenteil, es ging sehr weltlich zu: Rechts-
und Organisationsprobleme, Gehalts- und Arbeitszeitfragen
o. Ä. mussten behandelt werden."

Meine Frage, ob es nicht auch ernüchternd gewirkt habe, wie
wenig geistliche Fragen im Mittelpunkt standen, bejaht mein
Großvater vehement. Er spürte auch, dass die Kräfteverhält-
nisse in der Synode sich genau wie in der Politik organisiert
und engagiert haben – es habe die linksliberale und die kon-
servative Fraktion gegeben. Von seiner Erziehung und Auffassung her fühlte sich mein Großvater gleich der konservativen
Seite zugehörig. Im Grunde störte es ihn jedoch, dass man

auch in der Synode in Fraktionen dachte. Deshalb bemühte er sich mit anderen darum, eine Mitte zu leben und von dieser Mitte aus beide Seiten zusammenzuführen. Diese Bemühungen sind gescheitert. Wie in jedem Parlament wurde mit Mehrheiten gearbeitet und so bestimmten diese auch die Gesetze. Es ging nicht primär darum, ob es geistlich richtig oder falsch war, sondern die Mehrheit entschied.

„Wir haben in unserer evangelischen Kirche eine merkwürdige Leitungsstruktur. Es gibt vier kirchenleitende Organe: den Landesbischof, den Landeskirchenrat, die Landessynode und den Landessynodalausschuss. Ich habe diese Vierteilung nie recht verstanden und schon gar nicht gut gefunden. Denn für mich ist der Bischof nicht nur der Sprecher, sondern der gewählte geistliche Leiter unserer Kirche. In meiner Stellung als Synodaler und Mitglied im Landessynodalausschuss gehörte ich zwei kirchenleitenden Organen an. Das ging nicht in meinen Kopf hinein. Dieses zu erfahren und nicht dagegen zu opponieren, gehörte zum ernüchternden Erkennen der Realität. Eine kleine Gruppe von Männern, die mit mir zusammen die Erfahrung der persönlichen Glaubensentscheidung gemacht hatten, fand sich zum geistlichen Austausch zusammen, und wir hatten zeitweise eine sehr lebendige und vertraute Gebetsgemeinschaft.“

Bist du mit einer bestimmten Erwartung in die Synode gegangen?
„Ich wollte für meine Kirche, in der ich erzogen wurde und in der ich lebe, die mir mögliche Verantwortung wahrnehmen. Ich habe immer gerne Verantwortung übernommen.“

Gab es Fragen, die dich in dieser Zeit besonders beschäftigt haben?

„Ich erinnere mich an zwei wichtige Fragen, für die ich mich engagiert habe – leider ohne Erfolg. Zum einen ging es um die Verabschiedung eines Theologinnengesetzes. In der Zeit der allgemeinen Emanzipation war es geradezu selbstverständlich, dass auch in der Kirche die Frauen in allen Aufgaben, Stellungen und Positionen mit den Männern gleichgestellt werden wollten. Übrigens hatten die meisten Männer auch nichts dagegen. Mich hat diese Frage sehr beschäftigt, weil ich vom Leitungsamt der Kirche, also nicht nur vom Bischof, sondern auch von jedem Gemeindepfarrer, eine sehr hohe Meinung hatte und auch heute noch habe. Es ist das Bischofsamt, das leitende Gemeindeamt, das sich um seine Herde zu kümmern und in der Beauftragung als Hirte auch in Gefahr geradezustehen hat. Dazu gehört, wenn es nötig ist, auch das eigene Leben einzusetzen – so wie es uns Jesus vorgelebt hat. Das darf nach meinem Verständnis nicht in Konkurrenz zu der schöpfungsgemäßen Primärbeauftragung der Frau treten, nämlich Mutter der Kinder und der Familie zu sein. Wir hatten vor nicht allzu langer Zeit ja praktische Beispiele: Im Dritten Reich wurden Pfarrer, die dem Regime nicht passten, verhaftet – mehrere auch hingerichtet. Und in den von Sowjets besetzten Teilen Deutschlands ist es auch immer wieder vorgekommen, dass Pfarrer in Bedrängnis kamen. Das wollte ich den Frauen nicht zumuten. Über dieses Gesetz wurde lange verhandelt und gestritten. Die Abstimmung führte schließlich zu einer gewaltigen Mehrheit für das Gesetz. Die zweite Frage war dadurch begründet, dass der Kirchenkreis Ansbach-Würzburg, in dem ich ja auch beheimatet bin, ein geografisch unglückliches Gebilde ist. Ich war mit einigen anderen der Meinung, wir sollten erreichen, dass Würzburg ein eigener Kirchenkreis wird und Ansbach ein etwas kleinerer Kirchenkreis bleibt. Ich dachte:

Ein Bischof ist beauftragt, sich um seine Pfarrer zu kümmern. Er sollte nicht unnötig Zeit im Auto auf der Straße verbringen, sondern sie sinnvoll in der Seelsorge seiner Pfarrer einsetzen können. Ich habe vor allem an die damals beginnende, zunehmende Entwicklung gedacht, dass auch im Pfarrhaus die Ehen scheiterten. Dieser Antrag auf Teilung des Kirchenkreises ist gar nicht erst in der Synode behandelt worden, sondern wurde schon im Vorfeld als nicht erwünscht abgelehnt."

Hier schweigt er kurz und sinnt seinen Gedanken nach. Dann lächelt er: *„Besondere Freude hat mir meine Wahl in den Berufungsausschuss gemacht. Das ist noch mal ein eigenes Gremium, in dem die Vorschläge für die Besetzung der kirchenleitenden Positionen beraten und beschlossen werden. Das war interessant, weil wir vom Personalreferenten Listen von geeigneten Männern vorgetragen bekamen. Leider ist man seit einiger Zeit von dieser bewährten Form der Stellenbesetzung abgegangen. Heute werden auch kirchenleitende Stellen frei ausgeschrieben, und es steht jedem Pfarrer frei, sich darauf zu bewerben. Ich habe in der Besetzung einer Pfarrstelle und natürlich eines Bischofssitzes immer eine Berufung gesehen, die etwas anderes ist als eine Bewerbung von Menschen, die sich selbst für diese Aufgabe für geeignet halten."*

Kam deine Motivation, dich dort zu engagieren, auch aus dem Marburger Kreis und dem „neu erweckten geistlichen Leben" heraus? Konntest du deinen Glauben dort einbringen?
„Ich kann sagen, dass mich das Finden eines persönlichen Glaubens ganz eindeutig in eine Verantwortung für meine Kirche geführt hat. Darin hat mein geistliches Leben einen Ausdruck gefunden. Ein paar gute Bekannte kamen damals auch in die

Synode, und so konnten wir, wie schon erwähnt, auch eine kleine Gebetsgruppe bilden. So haben wir indirekt auch unsere Glaubenserfahrungen und Haltungen einbringen können, obwohl man dazu sagen muss, dass geistliche Fragen und Glaubensfragen oft nicht im Mittelpunkt standen. Aber dennoch habe ich in dieses Amt viel Kraft und Zeit eingebracht."

Standen sich das Engagement in der Landeskirche und die Führung des Casteller Betriebes nie im Weg?

„Nein. Ich habe etwas sehr Praktisches in den Plenarsitzungen geübt: nämlich zuzuhören und gleichzeitig zu lesen. Ich habe mir immer betriebliche Unterlagen mitgenommen und konnte die Zeit der Debatten, die mich weniger interessiert haben oder zu denen ich auch nichts beitragen konnte, nutzen. Ich habe gelernt, beim Lesen den richtigen Zeitpunkt zum Zuhören abzupassen. Das ist eine Arbeitstechnik, die verhindert hat, dass ich zu Hause einen Stapel unerledigter Schriftstücke vorfand."

Insgesamt erinnert sich mein Großvater sehr gerne an diese Zeit. Es war eine erfüllende und bereichernde Aufgabe, die er gerne wahrgenommen hat. So war er beinahe ohne Ausnahme bei allen Tagungen dabei. Nur in der zweiten Periode bat er zweimal seine Stellvertreterin, die Kreisbäuerin Erika Voltz, ihn zu vertreten. Das gab ihr die Chance, die Arbeit in der Synode kennenzulernen. Dass er so eine gute Nachfolgerin fand, hat ihm den Ausstieg nach zwei Amtsperioden erleichtert.

1983 schied mein Großvater also aus der Landessynode aus. Wie er in einem Brief an den Casteller Dekan Willi Schmidt ausführt, hatte das an erster Stelle mit der zeitlichen Belastung, die sich mit dem laufenden Betrieb in Castell doch nicht mehr vereinbaren ließ, zu tun. Zudem starb zur selben Zeit völlig unerwartet der junge Generalbevollmächtigte in Würzburg. Das bedeutete für meinen Großvater, dass er sich mit allen Kräften der Bank, die diesem vorher ganz überlassen gewesen war, widmen wollte.

Ausdrücklich schreibt er weiter an den Dekan, dass ihm die Arbeit in der Synode Freude bereitet habe, dass es aber doch eine Enttäuschung sei, wie wenig *„Synode im Bewusstsein der Gemeinden"* zu finden sei. Albrecht betont jedoch in seinem Brief, dass seine Entscheidung, nicht mehr zur Wahl zu stehen, in keiner Weise Resignation oder Nicht-Mehr-Mitarbeiten-Wollen bedeute. Nichtsdestotrotz ist aus meiner Sicht eine gewisse Resignation wohl nicht zu bestreiten.

Der Kontakt zur Synodalarbeit brach jedoch nicht einfach ab. Sein Freund Fritz Schroth, der noch aktiv in der Synode arbeitet, lädt jedes Jahr die Altsynodalen zu einem zweitägigen Treffen ein. *„Da fahre ich gerne hin. Nicht, um immer nur in Erinnerungen zu schwelgen, wie gut wir es gemacht haben, sondern um uns über die derzeitig anstehenden Fragen in unserer Kirche informieren zu lassen und unser Bild in das Gespräch einzubringen. Das ist interessant, weil natürlich mit einigen ein schöner und, wie ich meine, auch produktiver Gedankenaustausch zustande kommt."*

Immer die aktuellen Themen verfolgend, hatte mein Großvater gelegentlich das Bedürfnis, sich zu äußern. So richtete er beispielsweise im April 2006 einen Brief an den amtierenden bayerischen Landesbischof Dr. Johannes Friedrich: *„Wie kann* *unsere Kirche und die Familie Meiser (bezüglich des damaligen Landesbischofs Meiser von Bayern) mit den notvollen Ereignissen ihres Verhaltens im Dritten Reich umgehen?"* Diese Frage bezog sich auf das schweigende Verhalten der bayerischen Landeskirche gegenüber den Vergehen an den jüdischen Bürgern während des Dritten Reiches. Aufgrund seiner Kompromissbereitschaft im Dritten Reich und antisemitischer Äußerungen aus dem Jahr 1926 ist Bischof Meiser umstritten.

Da in Nürnberg ein Gottesdienst zum Gedenken an Bischof Meiser geplant war, kam mein Großvater aufgrund seiner positiven Erfahrungen bei den „Versöhnungswegen" auf den Gedanken, diesen als Bußgottesdienst zu feiern. *„Ein klares Schuldbekenntnis des amtierenden, in der Amtsnachfolge von Bischof Meiser stehenden Landesbischofs für die Haltung unserer Kirche im Dritten Reich sollte ausgesprochen werden"*, schreibt er in seinem Brief. Rudolf Meiser, der Sohn des früheren Landesbischofs und ehemaligen Regionalbischofs des Kirchenkreises Würzburg-Ansbach, dem der Brief in Kopie zugesandt wurde, antwortete, er sehe, dass der Vorschlag ein Schritt zur Versöhnung von Juden und Christen sein sollte. Aber er schreibt: *„Es ging mir mit Ezechiel (Hesekiel) 18,20 darum, dass ich nicht für die Schuld meines Vaters in die Pflicht genommen werden kann; das ganze Kapitel redet betont von der Eigenverantwortlichkeit des Einzelnen vor Gott."* Der Vorschlag meines Großvaters, einen Bußgottesdienst abzuhalten, wurde abgelehnt. Es war nicht das erste Mal, dass mein Großvater mit seiner Einstellung, dass die Bitte um Vergebung in Stellvertretung übernommen werden kann, aneckte und auf Unverständnis stieß. Er sieht es als persönliches Scheitern an.

Auch sein Vorschlag vom Juli 2006, die ökumenische **Wallfahrt** auf den Kreuzberg in der Rhön unter das Anliegen der gegenseitigen Vergebung zu stellen, scheiterte an der unterschiedlichen Auffassung von Schuld. Sowohl der katholische Bischof Friedhelm Hofmann von Würzburg als auch der evangelische Regionalbischof Helmut Völkel nahmen an der Wallfahrt teil. Der Vorschlag meines Großvaters basierte auf der Tatsache, dass es in Unterfranken besonders schlimme und heute noch spürbare Auswirkungen von Reformation und Gegenreformation gibt. Er sah darin eine Chance der Vergangenheitsbewältigung durch gegenseitige Vergebung.

> Die **Wallfahrt** oder Pilgerreise ist eine alte christliche Tradition, die in der evangelischen Welt lange in Vergessenheit geriet: Verbunden mit der Reise zu heiligen Stätten oder besonderen Orten ist sie ein innerer Weg der Veränderung, der Selbst- und der Gottesfindung. Die „Ökumenische Kreuzberg-Wallfahrt" ist eine Initiative von evangelischen und katholischen Kirchen in Bayern, die durch einen gemeinsamen Weg miteinander auch den Weg zueinander öffnen wollen.

Lange Überlegungen, Zustimmung und Ablehnung wechselten sich ab. Schließlich fasste er seine Gedanken in einer Frage zusammen: *„Sind unsere Kirchen mit ihren derzeitigen Aufgaben so beschäftigt, dass es ihnen nicht wichtig ist, die Lasten aus unserer Geschichte abzulegen und sich durch Vergebung eine erneuerte Vollmacht und Freiheit schenken zu lassen?"*
Er bleibt mit dem Gefühl zurück, dass es so ist. Auch der Ratsvorsitzende der evangelischen Kirche in Deutschland, Bischof Wolfgang Huber, dem mein Großvater 2007 vorschlägt, das

Jahr 2010 als Jahr der Buße zu erklären, beruft sich auf Ezechiel (Hesekiel) 18. Danach schenkt Gott uns die Zuversicht, dass wir nicht unabänderlich an die Schuld der Väter und Mütter gekettet sind.

Mein Großvater sieht die Spaltung der Christenheit als den Grund für die schwindende Glaubwürdigkeit der Verkündigung. Er schreibt in seinem Brief an Bischof Huber: *„Unser Herr hat uns den Auftrag gegeben, in Einheit zu leben. Die Wirklichkeit sieht leider anders aus."* Weiter führt er verschiedene Punkte auf, die er als Hindernis für die Einheit ansieht. Dabei spielen fehlende Selbstkritik der evangelischen Kirche, immer noch latenter Antisemitismus bei vielen evangelischen Christen oder ausstehende Schuldbekenntnisse, die eine heilende Wirkung haben könnten, eine Rolle. Er schreibt: *„In vielen Lebensbereichen unserer Kirche wirkt heute noch Schuld und Sünde unserer Väter. Nach meiner Lebenserfahrung und nach meinem Schriftverständnis ist uns aber dafür Vergebung und Freisetzung angeboten."*

Der ungebrochene Einsatz meines Großvaters für die Vergebung – und gerade auch in Stellvertretung – erklärt sich ohne Zweifel aus seinen persönlich gesammelten Erfahrungen. Zu erleben, wie Menschen tief berührt und verändert werden, gerade weil sich jemand traut, die Bitte um Vergebung für Familie, Vorfahren, Stand oder Land auszusprechen, ermutigt und macht frei – beide Seiten.

Zum Thema der **Stellvertretung** ist vor allem meiner Großmutter eine Erkenntnis ins Herz gefallen, die es erleichtert, sich diesem Themenbereich zu nähern. Bei der Stellvertretung liegt oft der Gedanke nahe, dass es dabei nur um die Sünde der Vergangenheit ginge und ich mich selbst dabei herauslasse. Das stößt häufig auf Widerwillen, weil es verurteilend wirkt.

Durch die Identifikation aber stelle ich mich mit meiner sündigen Natur selbst in diese Line mit hinein.

Es geht um die Identifikation mit der Sünde der Vorfahren, eine Identifikation des Herzens, die besagt, dass man selbst ebenso zu dieser Sünde in der Lage gewesen wäre. Dabei muss die Sünde ans Licht gebracht und benannt werden, ohne die schuldig Gewordenen zu verurteilen oder sich über sie zu erheben. Aus diesem Geist der demütigen Identifikation heraus können wir uns in den Riss stellen (siehe Psalm 106,23), die Folgen und Auswirkungen einer Sünde unserer Vorfahren oder unseres Volkes unterbrechen und ans Kreuz tragen. Die Wirkung der Sünde der Vorfahren wird dadurch wirkungslos, nicht die Sünde selbst gelöscht. Das bleibt dem Gericht des Einzelnen vor Gott überlassen. Aber kommende Generationen sind von der Wirkung befreit und es wird so ein neuer Segensstrom für sie freigesetzt.

Persönlich kann ich bestätigen, dass wir Enkel diesen Segensstrom an vielen Stellen erfahren dürfen, wo unsere Großeltern sich für die Schuld ihrer und somit auch unserer Vorfahren in den Riss gestellt haben.

Stellvertretung

In der Bibel finden sich zwei gegenläufige Tendenzen zum Umgang mit Schuld der Vergangenheit. Sie scheinen sich zu widersprechen, gehören aber in Wirklichkeit eng zusammen: Zum einen wird immer wieder deutlich, dass zerstörerisches Handeln nicht nur für uns selbst, sondern auch für unsere Nachwelt Folgen hat und sich die Auswirkung unserer Schuld damit „vererbt" (Ex. 34,6-7; Röm. 5,8-19). Andererseits macht die Bibel aber auch deutlich, dass jeder Mensch für sein eigenes Handeln verantwortlich ist und nicht einfach für die Sünde anderer bestraft wird (Jer. 31,29-30; Hes. 18,19-20). Beide Linien laufen zusammen im biblischen Gedanken der „Stell-Vertretung": Ein Mensch kann zwar nicht die Sünde eines anderen übernehmen. Aber weil er selbst ein Sünder ist, kann er sich mit der Sünde anderer identifizieren, anstatt sich von ihr einfach nur zu distanzieren oder die Augen vor ihr zu verschließen: Mose und Daniel gelten im Alten Testament als Vorbilder für eine solche Haltung der Stell-Vertretung: Sie stellen sich bewusst hinein in die Schuld ihres Volkes und ihrer Vorfahren und identifizieren sich damit (Ps. 106,23; Ex. 32,32; Da. 9). Sie treten hinein in die Leerstellen, die andere durch ihr Versagen hinterlassen haben. Hinein in den Riss, der durch die Schuld anderer entstanden ist. Hinein in die Schuld, deren Folgen noch immer spürbar sind. Und sie füllen damit die Lücke, die entstanden ist. Der Hohepriester bekannte am Jom Kippur, dem großen Versöhnungstag, stell-vertretend die Sünde des ganzen Volkes (Lev. 16,21-22; Hes. 22,29-30). Und im Neuen Testament ist es dann Gott selbst, in dem Menschen Jesus, der an die Stelle von uns Menschen tritt. Die Kirche nimmt diesen Gedanken auf, wenn sie in der Fürbitte (lat. intercessio, „dazwischentreten") oder im Schuldbekenntnis für andere vor Gott einsteht.

Nach den für meinen Großvater tief enttäuschenden Erfahrungen über die bleibenden unterschiedlichen Auffassungen von Schuld, Vergebung und Stellvertretung hat er sich entschlossen, die Kirchenleitung nicht mehr mit diesen Fragen zu belästigen, sondern seine ganze Kraft und Hoffung auf die messianisch-jüdische Bewegung zu richten. Für ihn ist das eine Frage des Glaubens, eine Frage der Zukunft und eine Frage der Einheit. Davon soll im nächsten Kapitel berichtet werden.

Kapitel 10

Auf nach Jerusalem

Durch ihre vielen Erfahrungen mit verschiedenen Richtungen des christlichen Glaubens in ihrer Heimat geprägt und gestärkt, sowie durch die sehr intensive persönliche Begegnung mit dem messianischen Juden Benjamin Berger ermutigt, wurden meine Großeltern näher an die sich entwickelnde messianisch-jüdische Gemeinschaft herangeführt. Sie sehen in der messianisch-jüdischen Bewegung eine neue Chance, die sie schon lange begleitende Frage nach der Einheit der Christen neu zu beleben. Wie bereits mehrmals in ihrer gemeinsamen Geschichte fühlten sie sich auch hier gerufen, einen neuen Weg einzuschlagen.

„Auf unserer ersten Reise nach Jerusalem in den Siebzigerjahren waren wir bei der messianischen Gemeinde in der Prophetenstraße. Das war unsere allererste Begegnung mit dieser Thematik. Aber es war mehr ein Wahrnehmen, dass es sie gibt, als ein Verstehen, um was es geht. Vor allem hat es damals für uns nichts bedeutet. Das hat sich erst später entwickelt", beginnt meine Großmutter. Wir sprechen darüber, wie meine Großeltern die messianische Bewegung kennengelernt haben und wie sich aus anfänglichem Interesse eine starke Verbundenheit entwickelt hat.

1996 war der messianische Jude Benjamin Berger in Craheim, wo er die theologischen Zusammenhänge dieser Bewegung in einem Vortrag über „Israel und die Kirche" erklärte. Benjamin Berger, Sohn jüdisch-orthodoxer Eltern, glaubte nicht an die Existenz Gottes, da die Juden so viel Schlechtes erlebt hatten. Da verspürte er eines Tages, als er über sein Leben nachsann, in seinem Zimmer etwas, von dem er erst nicht wusste, was es war. Er berichtet: *„Dann redete Gott zu mir. Er sagte, dass er der lebendige Gott sei, der Gott Abrahams, Isaaks* *und Jakobs. Und dann vernahm ich den Namen Jesus. Ich war erschüttert. Ohne das Neue Testament zu kennen, wusste ich in meinem Inneren, dass Jesus die Wahrheit ist.*" Heute sind Benjamin Berger und sein Bruder Ruben Leiter einer messianisch-jüdischen Gemeinde in der Christ Church in Jerusalem.

Da ich selbst bereits mit einigen messianischen Juden über Jesus und die Erklärungen ihres besonderen Anliegens gesprochen habe, kann ich die Faszination, die von Benjamin Berger ausgegangen sein muss, gut nachvollziehen. Für meine Großmutter war das der erste Schritt zum Verständnis dieses Themas. *„Bezogen auf die Wurzeln der Christenheit fragte Benjamin in Craheim ‚Wer möchte sein Herz den älteren Brüdern zuwenden?' Das habe ich verstanden, es war sehr logisch. Damals habe ich gewusst, dass die Anerkennung unserer jüdischen Wurzeln wichtig ist. Ich habe das ganz bewusst ins Herz genommen. Es war ein Aufruf von Benjamin, dem ich gefolgt bin – erst mal innerlich und dann mit Taten. Dann wuchs das ausgesäte Interesse durch vermehrte Besuche seinerseits und Lesen meinerseits immer weiter.*" Vor allem in der Bibel, aber auch in anderen Büchern las meine Großmutter alles, was sie über dieses Thema finden konnte. Erstaunliches wurde ihr klar und gerade die Bibel öffnete ihr in vielen Aspekten die Augen neu. *„Mein Bibelstudium wurde erweitert und vertieft – die Bibel hat mir das bestätigt, was ich von Benjamin gehört hatte – es war irgendwie ganz faszinierend.*" Mit dieser Entwicklung und dem steigenden Interesse entstand noch etwas Weiteres: *„Ich entwickelte eine Allergie gegen alle antisemitischen Äußerungen. Auch die ‚Juden-Säue' (Steinmetzarbeiten an vielen alten Kirchen, die z. B. ein Schwein mit Menschengesicht und Judenhut darstellen) haben mich sehr beschäftigt. Ich habe gemerkt, dass das Judentum* *eine Sache ist, für die ich mich auch innerlich einsetzen möchte. Es hat meinen Blick dafür geschärft, dass dem Jüdischen allgemein und speziell dem Messianischen vieles, für uns Gewohntes, entgegensteht."* Wie ich aus ihren Erzählungen entnehmen kann, steigerte sich mit der Zeit ihre Sensibilität für die alltäglichen, von den meisten völlig unbemerkten antisemitischen Äußerungen, wie „Bloß keine jüdische Hast", „Hier geht's ja zu wie in einer Judenschule" oder „Trau keinem Fuchs auf grüner Weid und keinem Jud' bei seinem Eid" (aus einem antisemitischen Kinderbuch von 1936).

Gerade die persönlichen Begegnungen mit messianischen Juden beschäftigen sie sehr. Sie erzählte mir die Geschichte von Doron Mordechai: *„In Jerusalem hatten wir einen Taxifahrer, der uns immer fuhr. Bei der ersten Fahrt gab ein Wort das andere und im Gespräch kamen wir darauf, dass er auch an Jesus glaubt und dass er in einer kleinen Gemeinde ist. Ein ganz bescheidener Mann – Taxifahrer vom King David Hotel. Einmal hat er uns einen Bekannten geschickt, weil er selbst nicht kommen konnte – der war Moslem. Wie er uns erzählte, hatte Doron ihm von Jesus erzählt. Dieser Moslem hat anschließend im Traum Jesus gesehen und sich daraufhin bekehrt. Dann hat er seine gesamte Familie zu Jesus geführt. Es gibt eine Bibelstelle, in der es heißt: ‚Ich lege meine Gesetze in ihr Inneres hinein und schreibe sie ihnen in ihr Herz. Ich werde ihr Gott sein und sie werden mein Volk sein. Keiner wird mehr seinen Mitbürger und keiner seinen Bruder belehren und sagen: Erkenne den Herrn! Denn sie alle, Klein und Groß, werden mich erkennen' (Hebräer 8,10f). Hier ist vom Volk Gottes die Rede, dem Haus Israel und dem Haus Juda. Sie werden Jesus erkennen, ohne belehrt worden zu sein. So etwas direkt zu hören ist ein großes Geschenk. Es ist ein ganz besonderes Ereignis,* *so eine biblische Verheißung persönlich bestätigt zu bekommen und zu erleben. Und was mich dabei erstaunt hat ist, dass Doron und sein Freund, ein messianischer Jude und ein Araber, der nun Christ geworden war, die anderen der messianischen Bewegung, mit denen wir in Kontakt sind, gar nicht kennen. Das zeigt mir, dass die Bewegung größer ist, als wir sehen können."*

Die messianisch-jüdische Bewegung, die in dieser Ausprägung noch sehr jung ist, ist keine organisierte oder einheitliche Gruppe, die sich leicht erfassen lässt. Selbst in Israel sind sie gerade erst dabei, sich zusammenzufinden. Dies lässt sich auch damit erklären, dass viele der messianischen Juden aus unterschiedlichsten Hintergründen und Vergangenheiten zu Jesus gefunden haben.[18]

Gemeinsam haben meine Großeltern beschlossen, diese Bewegung im Gebet, in Freundschaft und mit Taten zu unterstützen. Marie-Louise resümiert: *„Ich habe die Hoffnung, dass unsere Kirchen neues Leben gewinnen, wenn sie ihre Wurzel ehren – ‚nicht du trägst die Wurzel, sondern die Wurzel trägt dich.‘ Wir sind mit allen Juden in der gleichen Hoffnung verbunden, wir warten auf den Messias. Wir, die wir glauben, dass es der Jesus ist, den wir kennen, warten darauf, dass er wiederkommt. Die Juden warten darauf, dass er kommt. Das verbindet uns."*

* * *

Für meinen Großvater liegt das Schlüsselerlebnis mit den messianischen Juden in seiner Begegnung mit Benjamin Berger auf der Auschwitzreise 1994. Er erzählt: *„Das war ein ganz persönliches Erleben. Nachdem jeder seine eigene Betroffenheit geäußert und bekannt hatte, hat diese gesamte Gruppe noch ein-*

mal vor allen das ausgesprochen, was jeden in seiner persönlichen Situation bewegt hat. Viele haben etwas beigetragen. Da war auch ein Teilnehmer in meinem Alter, der sich seiner militärischen Vergangenheit erinnerte. Für mich war dies der Auslöser, den Antisemitismus meiner Familie, aber auch den des deutschen Adels auszusprechen und dafür um Vergebung zu bitten. Benjamin Berger hat uns die Vergebung zugesprochen. Und als er sagte: ,In Jesu Namen sind euch die Sünden, die ihr bekannt habt, vergeben!', ist mir aufgegangen, dass es keinen Unterschied im Glauben zwischen Judenchristen und Christen gibt, sondern lediglich in der Glaubenspraxis. In diesem Moment wurde mir klar, dass wir zusammengehören. Die messianische Bewegung ist ein Teil der Gemeinde Jesu. Sie glauben an denselben Jesus, verkündigen ihn und sie handeln in seinem Auftrag."

Es gibt eine Organisation namens „TJCII". Hinter diesem Kürzel versteckt sich: „Toward Jerusalem Council II". Es handelt sich um die Vision des amerikanischen Rabbiners Marty Waldman – die Versöhnung zwischen jüdischen und nicht-jüdischen Jesusgläubigen; die Wiederherstellung der Einheit von Juden und den in der Bibel sogenannten Heiden, das heißt den Nicht-Juden, im Leib Jesu, des Messias.

Manche bezeichnen die Trennung zwischen Juden und Christen als die älteste Wunde der Kirche. Am Pfingsttag, als die Apostel und die Jünger Jesu den Heiligen Geist empfingen, waren alle getauften Anwesenden Juden. Erst mit der in der Apostelgeschichte erwähnten Missionierung der Heiden kamen die Nicht-Juden zum Glauben an Jesus. Wie in der Apostelgeschichte geschrieben steht, wurde ein **Konzil** in Jerusalem einberufen. Dabei ging es um die Klärung der Frage, ob Nicht-Juden sich beschneiden lassen müssen, um zur Gemeinschaft der Jesusgläubigen zu gehören. Das Konzil beschloss, ihnen (d. h. den Nicht-Juden) „keine weitere Last aufzuerlegen als diese notwendigen Dinge: Götzenopferfleisch, Blut, Ersticktes und Unzucht zu meiden" (Apostelgeschichte 15,28f). Ein Heide musste also nicht erst Jude werden, er musste sich nicht beschneiden lassen, um Christ sein zu können. Die kirchengeschichtliche Entwicklung zog es dann nach sich, dass es schnell weit mehr Heidenchristen als Judenchristen gab. Bald danach wurde es den Judenchristen sogar verboten, an ihren jüdischen Bräuchen festzuhalten und ihre jüdische Identität zu wahren – obwohl kurz zuvor noch die jesusgläubigen Juden ihrerseits den „Heiden" zugestanden hatten, keine Identitätsänderungen vornehmen zu müssen, um Christus nachfolgen zu können. Synagoge und Kirche waren sich damals in einem Punkt einig: Man kann nicht Jude sein *und* an Jesus glauben.

„**Konzilien**" nennt man in der christlichen Tradition Ratsversammlungen, die der gemeinsamen Weg- und Entscheidungsfindung in wichtigen Glaubensfragen dienen. Als Vorbild gilt die in der Apostelgeschichte Kapitel 15 beschriebene Versammlung von Jerusalem, die sich der Frage des Miteinanders von Juden und Nichtjuden in der Gemeinde widmete. Das erste „ökumenische" (d. h. weltweite) Konzil berief im Jahr 325 der römische Kaiser Konstantin ein. Er lud dazu Vertreter aller Kirchen innerhalb und außerhalb des Römischen Reiches ein. Sechs weitere „ökumenische" Konzilien folgten, das letzte fand im Jahr 787 n. Chr. statt. Nachdem die Kirche 1054 n. Chr. in einen westlichen und einen östlichen Teil zerfiel, gab es weitere Konzilien nur noch in der römisch-

> katholischen Kirche des Westens. Das letzte große
> Konzil, das sogenannte „Zweite Vatikanische Konzil",
> fand 1962–1965 in Rom statt.

Die Gemeinschaft von TJCII arbeitet auf ein zweites Konzil in Jerusalem hin, bei dem die Einheit von Heiden- und Judenchristen wiederhergestellt werden soll. Jesusgläubige Juden und Christen sollen Gemeinschaft haben können, ohne ihre jeweilige Identität aufgeben zu müssen. So, wie auch Mann und Frau in der Ehe eins werden, ohne deshalb aufzuhören, Mann und Frau zu sein.

Mein Großvater fuhr 2004 zum dritten internationalen Treffen von TJCII nach Wien. Die Tagung war international besetzt und der Leitungskreis von TJCII, der aus sieben Christen und sieben messianischen Gemeindeleitern besteht, war dort versammelt. Auch der Erzbischof von Wien, Kardinal Christoph Schönborn, nahm an diesem Treffen teil, was meinen Großvater sehr freute, denn die Bewegung war und ist in den großen Kirchen noch weitgehend unbekannt. Die Anwesenheit eines katholischen Bischofs war ein Zeichen der Hoffnung.

„Ich habe erlebt, dass ein Thema Menschen aus den unterschiedlichen europäischen Ländern und aus den USA zusammenrief. Zum Leib Jesu gehören die messianischen Juden dazu. Mir ist die Weite und die Bedeutung dieser Aussage bewusst geworden."
Mein Großvater war immer ein Mann der Tat. So begann nach der Zusammenkunft die Suche nach Menschen in Deutschland, die sich für dieses Thema interessierten. Und weil man nicht wusste, wo man sich versammeln könnte, luden meine Großeltern alle nach Castell ein. Daraus wurde das erste deutsche Treffen von TJCII.

Hans Scholz, evangelischer Pfarrer und Freund meiner Großeltern, stellte von Beginn an eine Schlüsselfigur dar, weil er die Themen theologisch begründen und untermauern konnte. Den Teilnehmern dieses ersten Treffens wurde bald klar, dass die Vision eines zweiten Konzils in Jerusalem äußerst wichtig war und verfolgt werden musste. Albrecht geht noch weiter und formuliert: „*Während dieser Treffen wurde immer deutlicher, dass wir einen Verein gründen müssen, um effektiv zu sein und gehört zu werden.*"

Vom 12. bis 14. September 2006 fand das erste große TJCII-Treffen in Jerusalem statt, zu dem meine Großeltern als Freunde der Bewegung eingeladen waren. Es handelte sich um ein internationales Mitgliedertreffen. „*Wir sind ja nicht im Exekutiv-Komitee, aber wir wurden als Freunde eingeladen. Dort wurde die siebenfache Bitte mit dem „Aufruf an die Kirche" verabschiedet. Merkwürdigerweise haben wir das mit beschlossen, obwohl wir weder zuständig noch von jemandem autorisiert worden waren.*" Bei diesen Worten schmunzelt mein Großvater zufrieden in sich hinein. Ich kann mich seiner Begeisterung nur schwer entziehen. Das waren die Anfänge von etwas, das weiterhin wachsen und groß werden wird. Natürlich ist es spannend, dabei gewesen zu sein. „*Aber*", fährt er fort, „*der Text lag nur in Englisch vor. Wir brauchten eine deutsche Übersetzung. Diese wurde uns auch versprochen, es dauerte aber beinahe ein ganzes Jahr, bis die autorisierte Übersetzung kam. Und die haben wir dann benutzt und das Faltblatt als Information für Interessierte oder noch Unwissende verteilt.*"

Im Folgenden ist der Text dieses Faltblattes abgedruckt.

TOWARD JERUSALEM COUNCIL II
Hin zu einem zweiten Jerusalemer Konzil

Vom 12.–14. September 2006 ist unter der Leitung der Initiative „TOWARD JERUSALEM COUNCIL TWO" und der „Ölbaum-Gemeinschaft Jerusalem" in Jerusalem eine Versammlung von Nachfolgern Jesu aus vielen Nationen, kirchlichen Traditionen und aus der messianischen jüdischen Gemeinschaft sowohl in Israel als auch weltweit zusammengekommen. Der Zweck des Treffens war gemeinsames Gebet und das Streben nach Versöhnung mit dem Herrn und miteinander durch Buße.

Diese Versammlung veröffentlichte den nachstehenden Aufruf an die Kirche:

1. Bitte hört unseren Ruf nach Anerkennung und die Bitte um Gemeinschaft mit unseren messianischen jüdischen Brüdern. Als Juden sind sie zum Glauben an Jesus den Herrn, Retter und Messias gekommen und streben danach, diesen Glauben in Gemeinden auszuleben, deren Gottesdienst, Lehre und Lebensstil ausdrücklich jüdisch ist.

2. Bitte hört unseren Ruf, dass es eines Tages ein „Zweites Konzil in Jerusalem" geben möge, auf dem die Leiter der Kirche aus den Nationen (ecclesia ex gentibus) die auferstandene Kirche aus der Beschneidung (ecclesia ex judaeis) anerkennen und mit ihr in vollständige Gemeinschaft

eintreten sowie alle Dekrete und Gesetzgebungen gegen die jüdischen Ausdrucksformen der Kirche aufheben wird.

3. Bitte hört unseren Ruf: Damit ein solches Konzil stattfinden kann, müssen alle Kirchen aus den Nationen durch den Heiligen Geist in einen Prozess der korporativen Buße geführt werden für
   - alle Formen des Antisemitismus;
   - alle erzwungene Anpassung jüdischer Gläubiger an die kirchlichen Gemeinschaften aus den Nationen, an ihre Kultur und ihre Denkweisen;
   - alle Formen einer Ersatztheologie, nach der Gott das jüdische Volk verworfen und die Kirche an die Stelle Israels gesetzt hätte;
   - alle Taten, die zur fast vollständigen Auslöschung jüdischen Glaubens an Jesus beigetragen haben.

4. Bitte hört unseren Ruf nach voller Wiederherstellung Jerusalems in die Fülle seiner göttlichen Berufung und Fähigkeiten
   - als eine prophetische Stadt im Mittelpunkt von Gottes Heilsplan;
   - als eine Stadt mit Autorität im weltweiten Leib Christi;
   - als eine Stadt der Versöhnung, die ein Segen für alle Nationen sein wird.

5. Bitte hört unseren Ruf an alle Kirchen: entdeckt neu eure jüdischen Wurzeln!

6. Bitte hört unseren Ruf nach Versöhnung in Christus zwischen den jüdischen Gläubigen und Gläubigen aus den anderen Völkern und kirchlichen Traditionen (vgl. Epheser 2,14f). Dies wird die Erfüllung des Gebetes Jesu sein (Johannes 17,21) und zu einer neuen Bewegung hin zur Einheit unter den Kirchen und Gläubigen aus den Nationen führen.

7. Bitte hört unseren Ruf: Dieses Versöhnungswerk wird die Ausbreitung des Evangeliums und die Wiederherstellung von Gerechtigkeit unter den getrennten Völkern dieser Welt beschleunigen (vgl. Römer 11,11-15).

Wir beten, dass die Antwort auf unseren Aufruf ein deutlicher Beitrag sein wird zu der schon wachsenden Bewegung der Versöhnung auf korporativer und persönlicher Ebene zwischen den Jüngern Jesu, den jüdischen Jüngern und den christlichen Jüngern aus den Nationen.[19]

Etwa um dieselbe Zeit nahmen meine Großeltern an einem von Christoph Häselbarth initiierten Treffen von der geistlichen Bewegung „Mütter und Väter" aus Deutschland mit jüdischen und palästinensischen Leitern messianischer Gemeinden teil. Von dieser Konferenz, die nicht mit TJCII in Verbindung stand, brachten meine Großeltern zwei besondere Eindrücke mit. Völlig unvorbereitet und überraschend fand eine **Fußwaschung** statt. *„Eines Nachmittags sagten die Israelis: ‚Wir wollen euch die Füße waschen.' Wir waren vollkommen perplex – ich war sprachlos. Die Idee, hier waschen Israelis – Juden und Araber – uns Deutschen die Füße! Das war so außerhalb*

meiner Vorstellungskraft, dass ich es nur staunend über mich er-
gehen lassen konnte. Ein arabisches Paar reinigte uns mit einer
besonderen Umsicht und beinahe zärtlichen Vorsicht die Füße;
für mich ein großes, tief gehendes Erlebnis. Es war sehr berührend
und ein besonderer Moment. Es war eingebettet in diese Woche,
es war ergreifend und bestimmt der Höhepunkt der Konferenz."
Meine Großeltern sind sich in dieser Schilderung einig. Beide waren tief getroffen. Es ließ sie erstaunt und sehr demütig
zurück.

„Für mich hatte die Konferenz noch eine zweite bedeutungsvolle Begegnung", fährt mein Großvater fort. „Es gab eine Zu-
ordnung, damit sich die Teilnehmer untereinander näher kennenlernen konnten. Jeder bekam einen Partner oder ein Partner-
Paar. Als ich hörte, dass die Paare schon festgelegt waren, schaute
ich mich um, wer es wohl sein könnte. Und da kam ein Mann
in den Raum und ich dachte ‚oje, bitte nicht der'. Dieser Mensch
wirkte so fremd und exotisch. Ich hatte ein komisches Gefühl, als
ich ihn sah. Genau dieser wurde es dann natürlich: Marcel Rebiai. Die Kontraste hätten nicht größer sein können und genau
deswegen waren wir beieinander gelandet. Wir haben uns unsere Lebensgeschichten erzählt – seine war sehr bewegend – und
haben gemeinsam gebetet." Marcel Rebiai wurde in Nordafri-
ka geboren, als Sohn eines Moslems und einer wahrscheinlich jüdischen Mutter. Er wuchs als Straßenkind auf, wurde
von einer Schweizer Hilfsorganisation aufgelesen und in die
Schweiz gebracht. Dort fand er eine Familie, ging zur Schule
und lernte fließend Deutsch. Wegen Drogenproblemen kam
er ins Gefängnis, wo er eine Bekehrung durch den Heiligen
Geist erlebte. Seitdem betrieb er aktive Jugendarbeit in der
Schweiz, ist mit einer Schweizerin verheiratet und lebt jetzt
als Leiter einer Gemeinde in Jerusalem. „Wir haben uns sehr

gut kennengelernt und tiefes Vertrauen zueinander gefasst. Beten verbindet sehr stark. Dadurch sind wir uns so nahegekommen, dass eine richtige Freundschaft entstanden ist. Die ganze Woche über haben wir miteinander gegessen, gesprochen und gebetet. Er hat uns später auch hier in Castell besucht und wir ihn in seinem Haus in Jerusalem."

> Die christliche Geste der **Fußwaschung** geht zurück auf den Bericht des Johannesevangeliums vom letzten Abendmahl: Dort wird erzählt, dass Jesus seinen Jüngern die Füße wusch als eine Geste des Dienstes und der Verbundenheit. Als sich Petrus zunächst dagegen sträubt, erklärt ihm Jesus: „Wenn ich dir nicht die Füße wasche, kannst du mit mir keine Gemeinschaft haben!" In der christlichen Tradition ist es üblich, dass am Donnerstag vor Ostern kirchenleitende Persönlichkeiten Gemeindegliedern oder ökumenischen Partnern die Füße waschen, um so gegenseitige Dienstbereitschaft und Verbundenheit auszudrücken.

Auf dieser Konferenz trafen meine Großeltern auch auf das Ehepaar Keucher. Dieter Keucher war gerade als Nachfolger von Friedrich Aschoff der Leiter der „Geistlichen Gemeinde-Erneuerung" (GGE) geworden. Die GGE tritt für eine Erneuerung der evangelischen Kirche durch die Kraft des Heiligen Geistes ein. Dieter Keucher war das ganze Thema „messianische Juden" völlig neu. Meinem Großvater war schon länger bewusst, dass diese beiden Bewegungen, also messianische Juden und charismatische Erneuerung, zeitgleich und ortgleich entstanden und in der Öffentlichkeit bekannt geworden sind. Das war in den Sechzigerjahren in den USA. Diese Erkenntnis hat ihn nachdenklich gemacht: zwei so bedeutungsvolle Bewegungen, die zur selben Zeit und im selben Land entstehen, sich weltweit in den Kirchen entwickeln und bekannt werden. Es gab aber keine Verknüpfung. Daher suchte mein Großvater einen Theologen, der diese Parallelentwicklung historisch und theologisch darstellen konnte; ein zeitgeschichtliches Phänomen. Beide Entwicklungen sind ohne missionarische Einflüsse durch Bekehrungen, Erleuchtungen, Eingebungen und ganz unabhängig von Außenwirkung entstanden. *„Ich wurde in meiner Annahme durch das Buch ‚So fanden wir den Messias‘ bestätigt. Es fand durch Offenbarungen statt! Deshalb ist es für mich einer der wichtigen Themenkomplexe, die angegangen werden müssen. Kirchengeschichtlich, geistesgeschichtlich, historisch, theologisch",* fügt mein Großvater hinzu.

„Also habe ich Dieter Keucher mit Eitan Shishkoff, einem messianischen Gemeindeleiter, zusammengebracht. Dieser Kontakt ist sehr schnell intensiv und fruchtbar geworden. Dieter Keucher lud Eitan Shishkoff zu einer großen Konferenz nach Chemnitz ein. Dort durfte dieser dann die Abschlusspredigt halten, was außergewöhnlich war. Seitdem hat die GGE die messianische Bewegung zu einem ihrer Schwerpunktthemen gemacht. Hans Scholz wurde in den Leitungskreis gewählt und vertritt dort diesen Bereich."

Für TJCII entflammt, von der notwendigen Unterstützung dieses Weges überzeugt und durch Erlebnisse wie das der fruchtbaren Zusammenführung von GGE und messianischen Juden bestätigt, unterstützten meine Großeltern im Jahr 2007 die Idee, einen TJCII-Verein in Deutschland zu gründen. Ich selbst war bei der Vereinsgründung anwesend. Es ging dort um die Frage der Mitgliederzahl und die Gruppe einigte sich, dass es aus administrativen Gründen nur wenige Mitglieder, aber einen unbegrenzten Freundeskreis geben sollte. Jeder, der sich angezogen fühlte und etwas einbringen wollte, war herzlich willkommen.

Meine Großmutter leitete zusammen mit Luzia Heßberg, einem der Gründungsmitglieder, die regelmäßigen Gebetstreffen. Hubertus Benecke übernahm den Vorsitz des Vereins, Hans Scholz die theologische Verantwortung. Mein Großvater übte die sogenannte diplomatische Vertretung aus, d. h. er nutzte seine Beziehungen, um das Anliegen von TJCII in Kirche und Öffentlichkeit bekannt zu machen.

Die Entwicklung von TJCII liegt meinen Großeltern sehr am Herzen. *„In Gnadenthal tagte im Herbst 2008 das internationale Exekutivkomitee von TJCII. Das offizielle, internationale Leitungsgremium kam zum ersten Mal nach Deutschland."* Mein Großvater ist gespannt, wie sich in Zukunft alles weiterentwickeln wird. *„Mein Vertrauen in die verändernde Kraft des Heiligen Geistes ist unverändert geblieben, aber das Zeitmaß meiner oft ungeduldigen Erwartung muss ich korrigieren"*, fügt mein Großvater noch hinzu.

Kapitel 11

Der Blick nach vorne

*„Die Entscheidung, ob man meine Gedanken für die Zukunft
‚Vision‘ nennen darf, überlasse ich anderen, ich will es nicht tun.
Aber ich freue mich an ihnen,
weil ich sie in einer Mischung aus
Erwartungen, Hoffnungen, Sehnsucht und Wunsch
als Ziel meines Glaubens empfinde.
Ich habe sie mir nicht ausgedacht.
Die Gedanken sind mir geschenkt worden.
Ich habe sie mit Dank und Staunen aufgenommen.
Daraus ist eine innere Gewissheit gewachsen –
ja, die Gedanken sind Teil meines Glaubens geworden.
Wenn es Visionen sind, also Eingebungen von Gott durch den
Heiligen Geist,
dann sind es Wahrheiten,
die einmal Wirklichkeit und für uns erkennbar werden.
Vielleicht aber erst in ferner Zukunft.“*

Albrecht Fürst zu Castell-Castell

Ich sitze mit meinem Großvater im Garten und wir wenden unsere Gedanken dem letzten Kapitel des Buches zu. Es soll Gedanken für die Zukunft beinhalten: Wünsche und vielleicht auch Ziele, insbesondere im Blick auf TJCII und die Einheit der Christen. Mein Großvater muss etwas ausholen, um seinen folgenden Gedanken auf die Sprünge zu helfen:

„Das Thema Ökumene – Einheit der Christen – war mir schon lange wichtig, hat mich zu verschiedenen Aktivitäten geführt und immer wieder neu ermutigt. Nachdem die Frage der gemeinsamen Eucharistie von Katholiken und Evangelischen so eine Art Zielpunkt im ökumenischen Gespräch wurde, hat auch mich dieses Thema sehr beschäftigt. Vor allem, weil wir in unserer Familie die Ökumene leben und erleben; sowohl Aspekte der Einheit als auch der Trennung sind Realität unseres Familienlebens. Vier unserer Kinder haben katholische Ehepartner. So erleben wir es, dass unsere katholischen Schwiegerkinder und Enkel oft mit zum evangelischen Gottesdienst hier in Castell gehen, aber nicht alle am Abendmahl teilnehmen. Mich persönlich trifft das und macht mich jedes Mal wieder nachdenklich. Wie lange soll das noch so bleiben? Diese Frage beschäftigt mich."

Mich beschäftigt sie auch und so kann ich meinen Großvater verstehen, auch wenn wir gerade in dieser Angelegenheit nicht immer gleicher Meinung sind. Kein Wunder, denn ich bin eines seiner katholischen Enkelkinder – geprägt von der konfessionellen Auseinandersetzung und dennoch fest in meinem katholischen Glauben verankert. Aufmerksam höre ich zu, wie er fortfährt:

„Als Marie-Louise und ich 1975 bei der Beisetzung unseres guten Freundes und Nachbarn Georg Franckenstein in Ullstadt

waren, sind wir nicht mit zur Eucharistie gegangen. Aber mir stellte sich, von einem starken inneren Unbehagen begleitet, folgende Frage: ‚Wenn ich im Leben mit diesem Freund über so vieles gesprochen und mich ausgetauscht habe, warum kann ich nicht anlässlich des Abschieds Tischgemeinschaft mit den anderen Trauernden halten?‘ Marie-Louise ging es ähnlich und wir beschlossen, bei der nächsten katholischen Beisetzung die Einladung zum Tisch des Herrn anzunehmen. Schon wenige Tage später kam die nächste Beerdigung und wir nahmen an der Eucharistie teil.“ Meine Großmutter fügt hinzu, dass der Würzburger Bischof nicht gezögert hätte, ihnen die Kommunion zu geben, obwohl er sie ja kannte und wusste, dass sie nicht katholisch sind. *„Wir wurden dann verschiedentlich gefragt, ob wir eine Sondergenehmigung hätten, als Evangelische an der katholischen Eucharistie teilzunehmen. Und nicht wenige gaben ihrer Freude darüber Ausdruck, wie wir es gehandhabt haben. Auf kritisches Nachfragen war unsere Antwort klar: ‚Wir hören die Einsetzungsworte Jesu, die der Priester in Stellvertretung Christi ausspricht und diese beinhalten keinerlei Beschränkung oder Ausgrenzung. Sondern dort heißt es: ‚Kommt und esst, das ist mein Leib.‘ Und später heißt es: ‚Kommt und trinkt alle, das ist mein Blut, das für euch vergossen ist.‘*

Seit dieser Beerdigung höre ich diesen Worten mit besonderer Aufmerksamkeit zu und nehme sie als eine an mich persönlich gerichtete Einladung an. Ich fühle mich unmittelbar angesprochen. Es ist seitdem eine Selbstverständlichkeit geworden, dass wir uns eingeladen und aufgefordert fühlen, dieses ‚Kommt‘ anzunehmen. Allerdings nur, wenn wir wissen, dass niemand daran Anstoß nimmt.“ Später fügt mein Großvater noch hinzu, dass es hierfür nur wenige Beispiele gegeben hat. *„Wir wollen ja nicht provozieren. Zum Verständnis: Wir unterscheiden uns nicht*

im Glauben an den dreieinigen Gott und den für uns gestorbe-
nen und auferstandenen Herrn Jesus. Uns unterscheidet nur die
Amtsfrage. Das heißt, wer ist berechtigt, diesen Dienst der Einla-
dung an den Tisch des Herrn auszusprechen und den Vollzug, die
Austeilung von Brot und Wein, verantwortlich zu gestalten. Wir
Evangelischen glauben nicht, dass das unabdingbar mit dem Amt
des Pfarrers oder Priesters verbunden ist, denn es geht uns um die
Aufnahme des Herrn – allerdings für unser Verständnis erst in
dem Moment, in dem ich die Hostie und den Wein zu mir neh-
me. So vollzieht sich nach evangelisch-lutherischem Verständnis
die Wandlung."

Diese Erklärung meines Großvaters ist mir nicht neu. Schon
oft haben wir über genau diese Fragen, die unsere Kirchen
trennen, gesprochen oder besser gesagt diskutiert. Und das,
ohne zu einer Lösung zu kommen oder dass der eine den
anderen von seiner Wahrheit hätte überzeugen können oder
wollen. Es gibt eine hochinteressante Buchreihe, in der alle
trennenden Fragen, die trotz ökumenischer Gespräche noch
ungelöst sind, wissenschaftlich-theologisch ausgearbeitet und
beschrieben sind: „Lehrverurteilungen – kirchentrennend?"
Die Autoren sind Karl Kardinal Lehmann und der evangelische Theologe Wolfhart Pannenberg. Sehr überzeugend wird
dargelegt, dass die unterschiedliche Auffassung über die Wandlung keine konfessions- oder kirchentrennende Wirkung hat,
die Amtsfrage allerdings noch ungelöst ist. Obgleich ich auf
das Thema für gewöhnlich immer bereitwillig anspringe und
zum Kern kommen will, höre ich meinem Großvater diesmal
weiter zu: „*Die Hoffnung, dass es durch Gespräche der Kirchen-*
leitung zu einer Klärung dieser Fragen kommt, habe ich aufge-
geben", fährt mein Großvater fort. „*Wie wenig Verhandlungen*

unserer Kirchen bewirken können, haben wir vor Kurzem erlebt, als aus dem Vatikan zu hören war, dass nach katholischer Auffassung die reformatorischen Kirchen keine Kirchen im vollen Sinne wären. Darauf haben die reformatorischen Kirchen empört und beleidigt reagiert, worauf der Vatikan antwortete, dass man es nicht undifferenziert und böse gemeint habe. Ich finde das keinen rechten Umgang miteinander und denke, wir sollten uns in Zukunft solche Erklärungen und Verlautbarungen sparen und uns wechselseitig den Schmerz der Enttäuschung nicht antun."

Er seufzt und man merkt ihm an, dass ihn dieses Thema wirklich belastet: *„Es haben zu lange Verhandlungen auf hohen Ebenen stattgefunden. Ich glaube, dass die verändernde Bewegung nur von den Gläubigen selber kommen wird, irgendwann die Kirchenleitung erreicht und in Bewegung setzen wird. Wir können ja alle erleben, dass die Ehe von konfessionsverschiedenen Paaren sich immer mehr zu einer konfessionsverbindenden Einheit entwickelt. Da ist die Not oft groß, weil es nicht in allen Gemeinden erlaubt wird, dass der evangelische Partner an der römisch-katholischen Eucharistie teilnimmt. Ich bin überzeugt, dass die Entwicklung zur Einheit hin weitergehen wird. Und es ist eine Tatsache, dass der Vatikan auf Glaubensentwicklungen im Kirchenvolk reagiert, wie zum Beispiel das Dogma der Aufnahme Mariens mit Leib und Seele in den Himmel gezeigt hat. Warum soll es sich bei der Eucharistie und Abendmahlsgemeinschaft nicht auch so entwickeln?"* Ihre zweitälteste Tochter, meine Mutter Johanna, die selbst konvertiert ist, sieht das kritisch: *„Ich sehe, dass meine Eltern drei katholische Schwiegersöhne und eine katholische Schwiegertochter akzeptiert haben, dass sie immer wieder um die Ökumene ringen, dass sie sehr eigenwillige Wege suchen. Aber sie gehen zur Kommunion, ohne die gesamte Lehre der katholischen Kirche zu akzeptieren, und setzen sich somit über* *alle Autoritäten hinweg. Das Argument ,Das muss von unten kommen' kann ich nicht immer nachvollziehen.* "

Mein Großvater blickt in den Garten und gleichzeitig in sich hinein. Gerade die Auseinandersetzung mit diesen Themen in der eigenen Familie ist nicht einfach. Er wirkt frischer, als er die nächsten Worte wohl formuliert ausspricht: „*Ich bin deswegen dankbar und richtig glücklich, dass ich vor gar nicht langer Zeit eine neue Einsicht, eine Mischung aus Hoffnung, Erwartung und Gewissheit geschenkt bekommen habe, durch die ich diese Einheitsfrage in einem neuen Licht erkennen und verstehen darf. Wenn wir die Geschichte des Gründonnerstags in Jerusalem nachlesen, erkennen wir, dass Jesus nicht ein neues Abendmahl gestiftet oder eingesetzt hat, sondern mit seinen Jüngern das allen vertraute und gewohnte **Passahfest**, das seine Mitte und seinen Inhalt in der Mahlgemeinschaft findet, gefeiert hat. Und was mir dabei besonders bedeutsam ist: Jesus wusste damals, dass Judas als einer der Jünger ihn verraten und Petrus ihn verleugnen würde. Dennoch hat er allen, auch diesen beiden, das Passahmahl gereicht.* "

Das christliche Abendmahl hat seine Wurzeln im jüdischen **Passahfest**, das Jesus mit seinen Jüngern am Abend vor seinem Tod gefeiert hat. Im Zentrum dieses Festes steht ein gemeinsames Abendessen, das von verschiedenen biblischen Lesungen und Gebeten begleitet wird. Es erinnert an den Auszug des Volkes Israel aus Ägypten, die Befreiung aus der Sklaverei und Gottes Bundesschluss mit seinem Volk. Jesus bezog die Symbolik dieses Mahles auf seinen bevorstehenden

> Tod. Das Abendmahl symbolisiert daher nicht nur die Vergebung der Sünden, sondern auch die Erneuerung des alten Bundes und die Stiftung einer neuen Gemeinschaft derer, die durch den Tod Jesu Vergebung finden und mit dem Bundesvolk Israel zusammengehören.

Mein Großvater hält inne und auch ich muss erst einmal über diese Worte nachdenken. Die Gedanken sind mir nicht neu. Ich bin jedoch kein Theologe, aber die Worte der Bibel sind sehr klar. Erst die Auslegungen haben Verschiedenes daraus gemacht.

„Wenn ich das auf die derzeitige Situation der Christenheit übertrage, dann erkenne ich darin, dass die Teilnahme am Herrenmahl nicht abhängig ist von Voraussetzungen besonderer Art." Ich stocke bei dem Begriff „Herrenmahl". Mein Großvater erklärt, dass es wohl der neutralste Begriff sei. Die Katholiken nennen es Eucharistie, die Evangelischen Abendmahl. Begriffe, die geprägt sind und häufig zu Auseinandersetzungen führen. Es geht ihm um das Zusammenkommen am Tisch des Herrn, unabhängig von den konfessionellen Hintergründen. Ich will also den Begriff aufnehmen. Er fährt fort: *„Unterschiedliche Glaubenstraditionen können nach meiner neuen Erkenntnis auch kein Hinderungsgrund für die Tischgemeinschaft aller sein, wenn wir uns an dem von Jesus gestifteten Gemeinschaftsmahl nach der Ordnung des jüdischen Passahfestes orientieren."*

„Was heißt das praktisch?", fährt er fort: *„Ich glaube, wenn sich Menschen unterschiedlicher christlicher Konfessionen sowie Judenchristen gemeinsam auf den Weg zu einem zweiten Konzil in*

Jerusalem gemacht haben, dann führt uns der zusammen erkannte Auftrag dahin, dass wir uns gegenseitig in unserer Andersartigkeit und Prägung annehmen und dadurch zur Einheit finden können. Und wenn Jesus in Johannes 17,23 sagt: ,So sollen sie vollendet sein in der Einheit, damit die Welt erkennt, dass du mich gesandt hast und die Meinen ebenso geliebt hast wie mich', dann ist damit in meinem Verständnis nicht gemeint ,Gebt erst alle eure Traditionen und Prägungen auf', sondern ,Kommt an den Tisch der Einheit, auch wenn ihr noch in unterschiedlichen Traditionen und Kirchenordnungen lebt.' Darin liegt meine Hoffnung und ich denke, keine Kirche und traditionsgeprägte Konfession muss dafür etwas aufgeben. Deshalb sollten wir meiner Meinung nach keine Kraft mehr mit Verhandlungen zu Einheitsvereinbarungen vergeuden. Auf diese Weise kann Einheit nicht erreicht werden. Einheit muss im Gehorsam auf die Einladung Jesu erlebt werden."

Die Erklärung klingt einfach, fast kindlich: Lasst es uns wie Jesus tun. Lasst uns 2000 Jahre vergessen und wieder dort anfangen, wo alles begonnen hat. Gilt nicht auch hier genau das, was Jesus selber gesagt hat? „Wer das Reich Gottes nicht so annimmt wie ein Kind, der wird nicht hineinkommen" (Lukas 18,17).

Ich blicke meinen Großvater an, der ganz begeistert, fast atemlos – was bei ihm wirklich selten vorkommt – fortfährt: *„Und an diesen Tisch gehören für mich ganz selbstverständlich auch die messianisch gläubigen Juden. Ich sehe in ihnen sogar den Sammelpunkt zur Einheit. Denn wenn wir sie in ihrer jüdischen Jesusgläubigkeit annehmen und anerkennen, dann hilft uns das auch dabei, die Grenzen, die Aus- und Abgrenzungen der Konfessionen, zu überwinden. Ich möchte das noch einmal kurz zusammenfassen:*

Ich denke, die Einheit der Gemeinde Jesu wird Realität, wenn sich Vertreter aller Ausprägungen zum Herrenmahl versammeln. Der Weg zu einem zweiten Apostelkonzil ist deshalb so bedeutend, weil es der Weg zur Einheit wird. Daran glaube ich und es nimmt mir alle Enttäuschungen aus gescheiterten Bemühungen in der Konfessionsökumene. Konfessionsökumene bedeutet, dass man die Trennung, die durch die Reformation vollzogen wurde, überwinden möchte. Dabei vergisst man, glaube ich, dass die erste Trennungssünde die Distanzierung von Gottes auserwähltem Volk, den Juden, gewesen ist. Deshalb sollten sich alle ökumenischen Bemühungen, Gedanken, Hoffnungen und Wünsche zurückrichten in das erste Jahrhundert, in dem sich diese Trennung vollzogen hat und ihre theologische Begründung durch die Lehre der Ersatztheologie verbreitet wurde.

Ich freue mich an meiner Erkenntnis, dass die damalige Grundaussage, dass die Christen nun das erwählte Volk seien und die Juden ihr Heil der Erwählung durch die Ablehnung von Jesus als ihrem Messias verspielt oder ausgeschlagen hätten, zurückgenommen und als Schuld bekannt werden wird!"

Auch bei diesem Weg zu einem neuen Konzil, so wie in allen ökumenischen Bemühungen, bleibt es nicht aus, dass ein Thema im Mittelpunkt steht: Die gemeinsame Feier des Herrenmahls.

Als Evan Thomas, ein Gründungsmitglied der TJCII-Bewegung und Freund meiner Großeltern, aus dem Leitungskomitee austritt, weil ihn genau die Frage des nicht möglichen gemeinsamen Herrenmahles belastet, beschreibt mein Großvater das als *„Ein Schmerzensopfer. Keine spontane Entscheidung, sondern basierend auf längerer, schmerzreicher Klärung im*

Gehorsam. Das ist ein Signal, ein deutlicher Hinweis, über die Grundfrage der Einheit im Heiligen Mahl zu sprechen." Mein Großvater richtet daraufhin einen Brief an den Leitungskreis von TJCII, in dem er schreibt: *„Es ist mir deutlich geworden, dass der Leitungskreis für die Bewegung, die zur Einheit führen will, in dieser Frage noch nicht weiter ist als unsere Kirchen, die wir doch dafür gewinnen wollen. Für mich ist ein Konzil ohne die Tischgemeinschaft im heiligen Mahl nicht denkbar.*" Er schließt mit einer Ermutigung: *„Weil ich selber schon mehrmals auf Einladung hoher römischer Geistlicher an Mahlfeiern teilgenommen habe, weiß ich, dass in geschlossenem Rahmen, also nicht in der Öffentlichkeit, Ausnahmen zu besonderen Anlässen möglich sind. Ein Beispiel konnten wir erleben, als Kardinal Ratzinger dem greisen Frère Roger (dem Gründer der Gemeinschaft von Taizé) die Hostie gereicht hat.*"

* * *

Zuversicht spricht aus seinen Worten, aber auch aus seiner ganzen Haltung: *„Diese mir neu geschenkte Klarheit wollte ich nicht für mich behalten und habe deshalb nach Beratung und Rücksprache mit den verantwortlichen Katholiken in Wien einen Brief an Papst Benedikt XVI. geschrieben.*" In diesem Brief beschreibt mein Großvater folgende, ihn schon länger beschäftigende Idee. Der Papst möge doch bitte überlegen, sein geistliches Amt als Statthalter Jesu Christi auf Erden von Jerusalem aus auszuüben. Er betont, dass der Vatikan in Rom das bleiben sollte, was er ist: Zentrum der katholischen Kirche, mit allen politischen und internationalen Aufgaben sowie Residenz des Staatsoberhauptes und Souveräns im Vatikan. Aber Jerusalem sei der Ursprung und die Mitte der Christenheit. Durch Jahrhunderte hindurch sei die Stadt von Christen verlassen gewesen, nun aber sei der Zeitpunkt gekommen, zu dem wieder sichtbar werden könne, dass die Christenheit zum Judentum, zu Israel und zu Jerusalem, also zu ihren Wurzeln, zurückgefunden habe. Er schreibt weiter: *„Ich vermute, dass dieser Vorschlag auf erhebliche Bedenken und auf Widerstand der Diplomaten und wohl auch der Staatsführung in Israel treffen wird. Trotzdem glaube ich, dass dieser Gedanke nicht zeitfremd oder zeitfern ist. Die Verwirklichung hätte noch eine bedeutsame Nebenwirkung: Der Papst wäre dadurch aus sich selbst heraus der unangefochtene Sprecher der Christenheit. Er bedarf keiner Anerkennung der reformatorischen Konfessionen und der Freikirchen, denn unter ihnen ist kein ähnlicher oder vergleichbarer Amtsträger zu erkennen. Auch würde ein offizieller Sitz des Papstes wohl einen bedeutenden und international anerkannten Schutz der Heiligen Stadt Jerusalem bedeuten."* Mit dem Wunsch, man möge diesen Gedanken prüfen, schließt Albrecht seinen Brief. Ich sehe quasi die gerunzelten Stirnfalten des einen oder anderen Lesers vor mir – eine weitere Weltreligion beansprucht Jerusalem und der katholische Papst als unangefochtener Sprecher der gesamten Christenheit! Das sind keine leichtfertigen Anliegen. Vielleicht lohnt es sich, darüber nachzudenken? Zumindest liefert auch die Heilige Schrift verschiedene Hinweise auf die Bedeutung der Stadt Jerusalem.

Mein Großvater fährt fort: *„Auf diesen Brief kam aus Rom eine Standardantwort und meine Freunde aus Wien, die mein Vorhaben begrüßt hatten, haben mir versichert, dass sie nicht davon ausgehen, dass mein Brief persönlich vom Papst gelesen wurde. Das ist verständlich, nachdem ich gehört habe, dass den Heili-*

gen Vater täglich etwa tausend Briefe erreichen." Gewünscht
hätte er es sich trotzdem, wie jeder, der einen Brief an den
Papst schickt.

* * *

Mein Großvater hat sehr konkrete Vorstellungen, wie die Um-
stände für das Konzil in Jerusalem sein sollten: *„Für das Konzil
in Jerusalem sollte unser Gastgeber ein noch zu wählender oder
zu berufender messianischer Bischof sein."* Auch diese Idee hat
er in einem Brief formuliert und an die messianischen Leiter
in Israel geschickt. Auf meine Frage, warum es unbedingt ein
gewählter Mann sein müsse und nicht die Gemeinschaft der
messianischen Juden zusammen diese Einladung aussprechen
könnte, was viel mehr der jüdischen Handlungsweise entspre-
chen würde, meint er, dass jede Gemeinschaft einen Sprecher
brauche. Man könne jemandem, der solche Sprecher hat, nicht
viele Leiter als Gremium gegenübersetzen. Außerdem berichtet mein Großvater, dass es Überlieferungen über Jakobus, den
leiblichen Bruder Jesu, gäbe. Er war der erste Bischof der mes-
siasgläubigen Juden in Jerusalem. Dieser Bischofsstuhl müsste
also nicht erst erfunden werden, sondern würde nach einer Va-
kanz von zweitausend Jahren wieder besetzt werden.

Zusammenfassend sind all diese Schritte nach Meinung meines Großvaters notwendig, um das angestrebte zweite Konzil
in Jerusalem stattfinden lassen zu können. Der messianische
Bischof würde der Einladende sein, der Papst, als Vertreter der
gesamten Christenheit, sein Gegenüber. Mein Großvater fühlt
und glaubt, ohne es theologisch untermauern zu können, dass
sich in der Anerkennung der messianischen Juden als Wurzel

und verbindender Teil der Gemeinde Jesu die Gemeinschaft am Tisch des Herrn verwirklichen lassen kann.

* * *

So sind wir nun beinahe am Ende unseres gemeinsamen Weges in diesem Buch angelangt. Mich interessierte noch, was meine Großeltern von den kommenden Jahren erwarten und erhoffen. Mein Großvater sagt: *„Unser langer, gemeinsamer Lebensweg war ein Gnadenweg. Wir sind beschenkt durch die Führung und Barmherzigkeit unseres himmlischen Vaters. Wir sind nicht aus eigener Kraft zusammengeblieben. Die so oft erlebte Vergebung und das Gebet haben uns zusammengehalten. Dabei haben wir erlebt, dass die Liebe Jesu viel stärker ist als unsere menschliche Liebe. Dieser Kraftstrom fließt zu uns und führt uns immer wieder zur Versöhnung. Unser Weg ist noch nicht ans Ende gekommen. So lebt eine starke Hoffnung in uns auf das ‚Weitergeführtwerden' in die Versöhnung der Menschen in unserem Heimatdorf Castell und in unserer Familie. Deshalb beten wir um Erweckung durch den Heiligen Geist. Dabei sind wir nicht alleine. Unsere täglichen Hausandachten lassen uns das erleben. Wöchentlich und vierzehntägig zusammenkommende Gebetsgemeinschaften nehmen uns hinein in eine enge und vertraute Weggemeinschaft. Seit einigen Jahren treffe ich mich regelmäßig mit Männern zum Austausch und Gebet und spüre, dass sich im Gespräch und in der Offenheit viel Kraft entwickelt, die mich begleitet. So gehen wir getrost weiter in der Gewissheit, dass uns die führende Vaterhand Gottes festhält, wenn wir – wie wir es doch immer wieder erlebt haben – vom Weg abkommen."* Meine Großmutter formuliert in der ihr eigenen klaren Weise, was sie noch erhofft und kommen sieht: *„Ich hoffe, dass wir unsere*

Ehe zu dritt, mit Jesus in der Mitte, noch eine Weile fortsetzen können und unvollendete Versöhnungswege weitergehen dürfen – besonders in der Familie. Auch bin ich gespannt, was der Heilige Geist weiter bewirken wird. Aus den USA kommt eine mächtige Heilungsbewegung, die mich sehr interessiert. Ich denke, dass bei der Rückholung der vielen die Zeichen und Wunder, von denen die Bibel spricht, eine große Rolle spielen werden. Für weitere menschliche Begegnungen bin ich offen, aber vor allem interessiert mich, die bestehenden zu vertiefen. Meine große Dankbarkeit und Zuversicht ist, dass eine Reihe unserer Kinder und vor allem Enkel den Weg fortsetzen werden, den wir gegangen sind."

Sie schließt ab: *„Mein wichtigstes Bibelwort ist Hebräer 13,8: ‚Jesus Christus gestern und heute und derselbe auch in Ewigkeit.'*

Gestern – *Er war in jeder Situation unseres Lebens gegenwärtig und hat für unsere Sünden bezahlt.*
Heute – *Er ist wahrhaftig auferstanden und wir können mit ihm leben durch den Heiligen Geist.*
Derselbe auch in Ewigkeit – *Er ist die einzige Realität, die in diesem und im ewigen Leben die Gleiche ist."*

Nachwort

Die Kirche und das messianische Judentum

Von Guido Baltes

Albrecht Fürst zu Castell-Castell ist ein bemerkenswerter Mann. Sein Einsatz für Gesellschaft und Kirche ist von unschätzbarem Wert, seine Bemühungen um ein ökumenisches Miteinander der Kirchen und die Aufarbeitung der deutsch-jüdischen Geschichte werden in allen Teilen der Gesellschaft anerkannt und gewürdigt. Fürst Castell ist bekannt als ein Brückenbauer und ein Mann der Versöhnung. Dennoch gibt es ein Thema in seinem Leben, das nicht überall in gleicher Weise auf Verständnis stößt. Zuweilen wird es mit Verärgerung zur Kenntnis genommen, zuweilen mit peinlichem Unbehagen ignoriert, zuweilen leichtfertig als die Marotte eines alten Mannes beiseitegeschoben. Manch einer seiner Freunde und Partner sieht dabei vielleicht mit Großherzigkeit über dieses unbequeme Thema hinweg. Viele, die ihn wirklich kennen, haben jedoch verstanden, dass dieses Thema für den Fürsten weit mehr ist als eine Randnotiz seines Lebens.

Bei einem seiner Besuche bei uns im Johanniter-Ordenshospiz in Jerusalem sprachen wir über ein geplantes Buch. Schon damals war ihm klar, dass das Thema des „messianischen Judentums" dabei eine wichtige Rolle spielen würde. In den letzten Jahrzehnten war es für ihn immer mehr zu einer zentralen Lebensaufgabe geworden. Dabei haben sich für ihn die Freude über die Begegnung mit der wachsenden und lebendigen Bewegung des messianischen Judentums und der Schmerz über das Misstrauen und das Unverständnis, auf das diese Bewegung sowohl in den christlichen Kirchen als auch in der jüdischen Gemeinde stößt, wohl stets die Waage gehalten. Fürst Castell hatte daher die Idee, dem Buch könnten doch einige erklärende Worte über die Bewegung des messianischen Judentums beigefügt werden, und zwar aus der Perspektive eines evangelischen Pfarrers, und er bat mich darum, diese Worte zu finden. Ich habe diesem Wunsch gerne entsprochen, obwohl es sicher geeignetere Menschen für diese Aufgabe gäbe. Als evangelischer Theologe und Pfarrer teile ich jedoch den brennenden Wunsch des Fürsten Castell nach einer Annäherung von Kirche und messianischem Judentum, und wenn ich zu dieser irgendwie beitragen kann, will ich das gerne tun.

Eine Ortsbestimmung

Worum also geht es? Es ist die schwierige und schwer beladene Frage des Verhältnisses von christlicher und jüdischer Gemeinde, insbesondere die Frage nach Grenzen und möglichen Schnittmengen zwischen beiden. Unbestritten ist, dass Judentum und Christentum ihre gemeinsamen Wurzeln in der biblischen Tradition und der Geschichte des Bundesvolkes Israel haben. Viel diskutiert ist die Frage, wann und wie sich ihre Wege trennten. Schmerzlich bewusst wurde diese Trennung spätestens durch die lange Geschichte des Antijudaismus in den Kirchen, die ihren traurigen Tiefpunkt in der Katastrophe der Schoa fand. Heute bemüht man sich wieder um ein versöhntes Mit- und Nebeneinander: Die Wege bleiben zwar getrennt, aber die alte Feindschaft soll überwunden werden. Judentum und Christentum werden heute weithin als zwei getrennte Religionen gesehen, die trotz eines gemeinsamen Ursprungs, einer gemeinsamen Schrift und vieler gemeinsamer Überzeugungen keine soziologische Schnittmenge mehr zu teilen scheinen.

In der Realität jedoch existiert diese Schnittmenge, ob man es begrüßt oder nicht. Es gab sie immer und heute tritt sie deutlicher denn je mit einer eigenen Identität in Erscheinung: Es ist die wachsende Zahl von Juden, die in dem Juden Jesus den Messias Israels und den Sohn Gottes sehen. Für sie ist dies, ebenso wie für die Gemeinde des Neuen Testamentes, keine „un-jüdische" Überzeugung, und schon gar keine neue Religion. Es ist ein natürlicher Bestandteil ihres biblischen Glaubens und sie sehen darin keine „Trennung der Wege". Im Gegenteil: Sie halten die Loslösung der christlichen Kirche von der jüdischen Gemeinde für einen historisch bedingten Irrtum, den sie durch ein neues Modell von Gemeinde zwar nicht rückgängig machen, zu dessen notwendiger Überwindung sie aber beitragen möchten.

In der jüdischen Gemeinde stößt diese Bewegung, verständlicherweise, auf Misstrauen und Ablehnung, obwohl Jesus selbst und alle seine Anhänger Juden waren und die christliche Gemeinde in ihren Anfängen immer aus jüdischen und nicht-jüdischen Mitgliedern bestand. Der historische Bruch zwischen Judentum und Christentum könne, so sagt man, aus heutiger Sicht nicht mehr ignoriert werden. Wer heute an Jesus glaube, der verlasse damit die Grenzen des Judentums und schließe sich einer neuen und fremden Religion an. Aber es sind nicht nur historische und theologische Gründe, die im Vordergrund stehen. Wo die Grenzen zwischen Judentum und Christentum unscharf werden, da dringen alte Ängste an die Oberfläche und verschlossen geglaubte Wunden reißen wieder auf. Man wirft den messianischen Juden „Etikettenschwindel" vor, Missionierung mit unlauteren Mitteln. Und man sieht nicht zuletzt die eigene jüdische Identität radikal infrage gestellt. So warf ein deutscher Oberrabbiner der messianischen Bewegung vor, sie bezwecke eine „Fortsetzung des Holocaust mit anderen Mitteln". Für die messianischen Juden wiederum ist dieser Vorwurf unverständlich, denn im Gegensatz zu den judenchristlichen „Konvertiten" der Vergangenheit wollen sie ja gerade ihre jüdische Identität nicht aufgeben oder verlassen. Sie glauben an die bleibende Erwählung des jüdischen Volkes und wollen zu dessen Erhalt beitragen, indem sie das Judentum nicht verlassen, sondern innerhalb der jüdischen Tradition dem Juden Jesus nachfolgen.

Die christlichen Kirchen wiederum finden sich in einer durchaus unbequemen Lage zwischen den Stühlen wieder: Aus theologischen und historischen Gründen können sie die Existenz und Berechtigung des messianischen Judentums nicht bestreiten. Die christliche Gemeinde war von Anfang an eine Gemeinde aus Juden und Nichtjuden, und das nicht nur aus Versehen oder aus historischem Zufall, sondern aus theologischer Grundüberzeugung. Sie hat sich von dieser Identität auch nie bewusst abgewendet. Kein Konzil, keine Bekenntnisschrift und keine moderne kirchliche Stellungnahme hat je bestritten, dass das Evangelium von Jesus Christus der ganzen Menschheit gilt, Juden und Nichtjuden eingeschlossen. Hiervon kann keine Kirche abrücken. Vertreter der katholischen Kirche, und gerade solche, die im jüdisch-christlichen Dialog stehen, betonen dies immer wieder und haben sich inzwischen damit auch das Verständnis und den Respekt ihrer jüdischen Gesprächspartner erworben.

In der evangelischen Kirche teilt man zwar dieselbe Überzeugung, möchte es aber nicht so deutlich sagen, zumal es hier auch, anders als in der katholischen Kirche, keine einheitliche und autorisierte Stimme des Dialogs gibt. Dieser wird vielmehr von unabhängigen regionalen Arbeitskreisen geführt, die zudem oft von engagierten Nicht-Theologen getragen werden. Theologische und historische Fragen treten daher oft in den Hintergrund gegenüber dem Wunsch nach zwischenmenschlicher Beziehung und praktischer Zusammenarbeit. Auf der Ebene des Alltags gehen deshalb viele evangelische Christen und Kirchenvertreter auf Distanz zur Bewegung des messianischen Judentums. Man möchte die zarte Pflanze der Freundschaft und des Vertrauens, die im Miteinander von Juden und Christen gerade wieder wächst, nicht belasten durch ein problem- und konfliktbeladenes Thema wie die Frage nach dem messianischen Judentum.

Wer jedoch die Erklärungen evangelischer Synoden und auch die Texte der EKD zum Thema „Christen und Juden" aufmerksam liest, wird erkennen, dass hier die Frage bewusst offen gelassen wird und eine notwendige Beschäftigung mit dem Thema zwar immer wieder angemahnt, aber trotzdem regelmäßig aufgeschoben wird. So heißt es in der jüngsten Studie der EKD aus dem Jahr 2000:

„Es ist insgesamt festzustellen, dass dieses Thema bisher nicht ausreichend bearbeitet worden ist. Dies wird durch die Beobachtung bestätigt, dass sich nur wenige kirchliche Erklärungen hierzu eindeutig geäußert haben und dass vor allem ausführlichere, die theologischen und historischen Argumente eingehend bedenkende Stellungnahmen fehlen. (...) Der religiöse Status der messianischen Juden und ihrer Gemeinden ist weithin ungeklärt" (EKD-Studie „Christen und Juden III", 3.1.4. und 3.5.).

Eine neuere Erklärung der EKD zum Thema „Christen und Juden" ist seitdem nicht erschienen, und so bleibt das Thema weiter offen.

Eine Aufgabe für den Dialog der Zukunft

Die Beziehung zwischen der christlichen Kirche und der Bewegung des messianischen Judentums stellt also eine bisher ungelöste, zu wenig bearbeitete, und doch unerlässliche Aufgabe für die Zukunft dar. Die Auseinandersetzung mit diesem Thema ist dabei nicht nur für das interne Verhältnis von Kirche und messianisch-jüdischer Gemeinde, sondern auch und gerade für eine Klärung der Beziehung zwischen christlicher und jüdischer Gemeinde von richtungsweisender Bedeutung. Die Berührungsängste auf allen Seiten sind dabei nur allzu verständlich und müssen unbedingt respektiert werden. Aber gerade darin wird echter Respekt deutlich, wenn ein für alle Seiten schmerzliches Thema nicht einfach verdrängt oder totgeschwiegen, sondern in der nötigen Behutsamkeit, Gründlichkeit und Weitsichtigkeit gemeinsam in Angriff genommen wird.

Die messianisch-jüdische Bewegung hat ihren historischen und theologischen Ort genau an jenem Schnittpunkt von Judentum und Christentum, wo „Verbundenheit in der Wurzel" und „Trennung der Wege" zusammenfallen. An diesen wunden Punkt zu rühren, kann nicht ohne Schmerzen geschehen. Wird er aber unberührt gelassen, kann auch eine dauerhafte Heilung nicht erfolgen. Wunden der Vergangenheit heilen nicht, indem man sie ignoriert, sondern nur, indem man sich ihnen bewusst zuwendet. Dass solche Zuwendung nicht im Streit, sondern in dem gemeinsamen Wunsch nach Verständnis und Versöhnung geschieht, das ist die Herausforderung jedes Dialogs.

Für die jüdische Gemeinde wird es in der Tat schmerzlich sein, wenn die christlichen Gesprächspartner sich nun auch denen zuwenden, die man selbst im besten Fall als irregeleitete Apostaten, im schlimmsten Fall als böswillige Betrüger betrachtet. Jedoch könnte es auch als ein konsequenter Schritt notwendiger theologischer Redlichkeit anerkannt werden. Denn schon jetzt macht die Kirche in all ihren Erklärungen deutlich, dass sie sich aus theologischer und historischer Sicht nicht von der messianisch-jüdischen Bewegung lossagen kann und will. Dazu ebenso offen zu stehen wie etwa die katholische Kirche, kann auf Dauer nur ein positiver Beitrag zu einem Dialog des gegenseitigen Vertrauens sein. Die verständliche Angst jüdischer Gemeinden vor einem „Schafe-Stehlen", einem „Etikettenschwindel" oder einer „Missionierung mit unlauteren Mitteln" könnte aber möglicherweise gerade dadurch deutlich entkräftet werden, dass der Kontakt zur messianisch-jüdischen Bewegung eben nicht nur außerhalb der großen Kirchen oder in deren Randbereichen geschähe, sondern von der Kirche selbst aktiv, aber verantwortlich gesucht sowie gründlich theologisch begleitet würde. In diesem Sinne könnten die jüdischen Gemeinden eine solche engere Kooperation zwischen Kirche und messianischem Judentum vielleicht sogar begrüßen oder gar fördern. Denn die Kirche könnte Entgleisungen und Fehlentwicklungen so besser wahrnehmen und darauf kompetenter reagieren, als wenn solche Begegnungen nur heimlich oder außerhalb des kirchlichen Blickfeldes geschehen. Die – sicherlich vorhandene – Gefahr eines Missbrauchs wird nicht dadurch gebannt, dass man den Kopf in den Sand steckt und sie ignoriert.

Für die christliche Kirche wiederum wird es ebenso schmerzlich sein, sich diesem Thema zuzuwenden: Es wird Kraft kosten, die notwendigen theologischen, historischen und geistlichen Fragen zu bearbeiten. Es wird Mühe machen, Partnern im jüdisch-christlichen Dialog Rede und Antwort zu stehen, wenn es zu Irritationen kommt. Vielleicht wird man Freunde verlieren oder auch Freundschaften vertiefen. Es wird anstrengend sein, sich mit den berechtigten Anfragen unserer messianisch-jüdischen Geschwister an die eigene christliche Identität auseinanderzusetzen. Es wird Kraft kosten, die mühsam errungene Loslösung und heute scheinbar saubere Trennung der christlichen von der jüdischen Identität wieder infrage zu stellen. Alte Modelle von „Mission" und „Konversion" müssen aufgegeben werden für das größere, aber biblisch fundierte Modell einer „Gemeinde aus Juden und Nichtjuden". Man wird sich ebenso von der Idee verabschieden müssen, Juden zum Christentum zu bekehren, wie von der Idee, Juden den Glauben an Christus zu verwehren. Die bisherige bewusste Zweideutigkeit evangelischer Stellungnahmen mag für eine Zeit lang ein bequemer Weg der Konfliktvermeidung gewesen sein. Auf Dauer jedoch kann sie den Konflikt nur verstärken, weil sie den Realitäten aus dem Weg geht und doppelte Botschaften nur zu Missverständnissen führen können.

Schließlich wird es auch für unsere messianisch-jüdischen Geschwister schmerzlich sein, sich dem Gespräch mit den Kirchen zuzuwenden. Lange genug war der Übertritt zum Christentum zwangsläufig mit dem Verlust der jüdischen Identität verbunden. Die messianisch-jüdische Bewegung der Neuzeit hat daher den Kontakt zu traditionellen Kirchen bisher weithin gemieden. Für manche Vertreter geht die Distanz zum Christentum dabei so weit, dass sie alle Bekenntnisse der Kirchengeschichte als „unbiblisch" ablehnen und die eigene Identität ganz neu aus einer Lektüre des Neuen Testaments heraus entwickeln möchten. Für andere Vertreter, und das ist die Mehrzahl, ist die Distanz gegenüber der Kirche jedoch eher pragmatischer Natur und soll dabei helfen, in einer Frühphase der Bewegung zunächst die eigene Identität innerhalb der jüdischen Tradition zu finden, bevor man sich der Beziehung zu anderen christlichen Kirchen zuwendet. Eine erneuerte Kontaktsuche zu den traditionellen Kirchen stellt also auch die messianisch-jüdische Gemeinde vor schwierige Fragen. Man wird sich, wie einst die Gemeinde von Jerusalem, damit auseinandersetzen müssen, welche Rolle der nicht-jüdische Teil der Gemeinde in Gottes Heilsplan hat und wie die eigene Beziehung zu diesem Teil der Kirche gestaltet werden soll. Man wird sich mit 2000 Jahren gewachsener Kirchengeschichte beschäftigen müssen und, ähnlich wie einst die Kirchen der Reformation, einen Weg zwischen Kontinuität und Neuansatz finden müssen.

Schmerzlich wird der Weg also für alle Beteiligten sein. Das aber ist das Wesen des Dialogs: Nicht, dass wir herausfinden, wie gleich wir sind, sondern dass wir uns in unserer Unterschiedlichkeit respektieren. Den anderen so zu nehmen, wie er ist – und nicht so, wie wir ihn gerne haben wollen –, darin besteht der Weg der Versöhnung.

Albrecht Fürst zu Castell-Castell hat diesen Weg beschritten. Er gehört zu den wenigen Menschen in Deutschland, die ein großes Vertrauen in allen drei hier genannten Gruppen genießen: in der jüdischen Gemeinde, in der evangelischen Kirche und in der messianisch-jüdischen Bewegung. Seine Stimme verdient daher Gehör und kaum jemand ist wohl geeigneter, ein „Botschafter der Versöhnung" zu sein im schwierigen Gespräch zwischen Juden, Christen und messianischen Juden. Seine Mitarbeit an dem Gesprächsprozess „Auf dem Weg zum zweiten Jerusalemkonzil" ist dabei sicher ein wichtiger Mosaikstein. Es bleibt zu hoffen, dass diesem viele weitere hinzugefügt werden, sodass am Ende die Vision der Versöhnung, die den Fürsten lange vorangetrieben hat, ihren Platz in dem großen Bild findet, in das unser Schöpfer jeden von uns auf seine Weise zu seinem alles umfassenden Kunstwerk einfügt.

Guido Baltes

Dank

Dank allen, deren informative Beiträge in Gesprächen oder Schreiben den Text so lebendig und persönlich bereichert haben.

Guido Baltes hat in präzisen Erklärungen der Fachbegriffe auch dem damit wenig Vertrauten Verständnishilfen gegeben. Dank für die unkomplizierte Zusammenarbeit.

Danke Steffi Baltes für ihre Initiative und dem Francke-Verlag für die Möglichkeit, die Erstausgabe „Auf geführtem Weg" erneut und aktualisiert als „Gerne unbequem" erscheinen zu lassen!

Dank – vor allem – unserer Enkelin. Sie hat mit Entschlossenheit unsere Antworten auf ihre Fragen eingefordert, in mutiger Strenge und einfühlsamer Liebe.
Geliebte Isi – in tiefer Dankbarkeit und großer Freude umarmen dich deine Großeltern

Der Weg geht weiter

Hoffnung auf Einheit
im Heiligen Mahl

Von Albrecht Fürst zu Castell-Castell

Als Jesus mit seinen Jüngern am Abend seiner Gefangennahme zum Passahmahl zusammen war, hat sich etwas ereignet, was uns wohl bekannt, aber nicht immer im Zusammenhang mit der Mahlfeier bewusst ist. Als die Jünger sich fragten, wer denn der Verräter unter ihnen sei, begannen sie einen Ehrsuchtstreit untereinander über die Frage, wer unter ihnen der Größere sei. Ist es heute nicht genauso unter den Christen?

Die Antwort Jesu auf diese Streitfrage lautet: **Der Größere unter euch werde wie der Jüngere und der Führende wie der Dienende.** Lassen wir dieses klare Wort an uns heran? Hören wir es? Macht es uns betroffen?

Wenn wir angemessen darauf reagieren würden, müssten wir schamrot werden, dass wir eine solche Frage überhaupt gestellt oder zugelassen haben. Die Antwort, die unser Herr damals gegeben hat, ist so eindeutig: Ich bin in Eurer Mitte der Dienende. Jesus hatte ja seinen Jüngern sogar die Füße gewaschen. Jesus selber hat Brot und Wein ausgeteilt. Jesus hat sich in das Passahmahl selbst hineingegeben und gesagt: **Ich mache einen Bund mit Euch, so wie mir mein Vater durch einen Bund das Königreich zugesichert hat, auf dass ihr esst und trinkt an meinem Tisch.**

Im Passahfest am Gründonnerstag in Jerusalem wurde also das Reich, in dem Jesus König ist, erneut bestätigt. Gott selbst hat dieses Reich seinem Sohn zugesichert – zugesagt – zugeordnet. Es ist das Vermächtnis des Vaters an den Sohn. Der Sohn ist als Erbe des Vaters eingesetzt zur Regentschaft in uneingeschränkter Vollmacht.

Alle sind dabei und allen ist die Zugehörigkeit zugesprochen. Keiner ist ausgeschlossen. Nicht der Verräter Judas, nicht der Verleumder Petrus und auch nicht die um ihre Position Streitenden, deren Namen wir nicht kennen. Vielleicht waren das sogar alle. Sind nicht dadurch die zwölf Jünger – ohne Ausnahme – die Gründungsmitglieder dieses Königreiches geworden? In ihrem Kreis bestätigt Jesus, was Gott zugesagt hatte: „Ihr werdet sitzen auf Thronen und richten die 12 Stämme Israels."

Finden wir uns da wieder?
Die Jünger damals haben sich genauso verhalten wie wir heute. Jeder möchte gerne vorne dranstehen. Die meisten von uns haben Jesus schon einmal verraten oder verleumdet. Mit solchen Leuten hat Jesus seine Reichsherrschaft bestätigt. Mit ihnen hat er gegessen und sich in Brot und Wein dahingegeben, damit sie gerettet werden. Sie alle hatten nämlich Rettung nötig. Keiner war würdig.

Was hat uns das zu sagen?
An diesem Abend liegen 13 Menschen um einen Tisch herum – so aß man damals – und schlossen einen Bund. Nur einer von ihnen war ohne Sünde. Die anderen waren nicht besser als wir es sind. Normale Männer mit Geltungsbedürfnis, Eifersucht, Neid, Habgier und Lüge. Denen gab Jesus das Brot und sagte: „Nehmet und esset – dies ist mein Körper." Und er gab ihnen den Becher und sagte: „Trinkt alle daraus, denn dies ist mein Blut des neuen Bundes für viele vergossen zur Erlassung von Sünden." Nach meinem Schriftverständnis ist das die Gründungsstunde der Jesusgemeinde, aus der Kirchen und Konfessionen entstanden sind. Daraus haben sich eigene Traditionen und theologische Lehrmeinungen entwickelt.

Was haben wir daraus gemacht?
Wer sich nur ein wenig in der Geschichte der Kirchen aus-
kennt, weiß, dass es immer wieder zu Streit und Trennung
kam. Die gemeinsame Tischgemeinschaft ist schon im ersten
Jahrhundert auseinandergebrochen. In lieblosem Streit hat
man die Einheit aufgegeben und bis heute nicht wieder gefunden.

Was können wir tun?
1. Nur in der Rückbesinnung können wir erkennen, wie es
begonnen hat: in der Tischgemeinschaft – nicht in der Gleich-
schaltung der Meinungen.

2. Alle müssen umdenken, umkehren und sich einladen lassen
an den Einheitstisch.

3. Wir sollten wahrnehmen, dass Verhandlungen, Erklärungen und Vereinbarungen der unterschiedlichen Konfessionen,
Glaubensgemeinschaften, Großkirchen und jungen Bewegungen allein nicht zur Einheit führen.

Wie soll das praktisch aussehen?
Leitende Vertreter verschiedener Kirchen und Glaubensgemeinschaften treffen sich mit Leitern messianisch-jüdischer
Gemeinden in Jerusalem und feiern gemeinsam das Passahfest. Voraussetzung für eine Einladung dazu ist die Berufung
oder Wahl eines Bischofs der messianischen Gemeinden in der
Heiligen Stadt und im Heiligen Land.

Es gibt Überlieferungen, aus denen wir erfahren, dass Jakobus, der Apostel und leibliche Bruder Jesu, der erste Bischof

der jüdischen Jesusgemeinde in Jerusalem war. Seine Nachfolger waren Simeon und weitere Nachkommen aus der Familie Jesu. Nach der Vertreibung des erwählten Volkes wird der Bischofsstuhl nicht wieder besetzt. Bis heute ist er leer geblieben. Deshalb muss er nicht neu errichtet, sondern nur neu besetzt werden. Bisher ist allerdings keine Bereitschaft zu erkennen, die Wahl eines messianischen Bischofs vorzubereiten. Auch das Erkennen und Benennen eines Kandidaten ist durch die unterschiedliche Prägung und eigenwillige Gemeindeleitung der messianischen Juden wohl noch ein fernes Ziel. Wunsch und Wirklichkeit sind noch kein vordringliches Anliegen. Für mich ist es ein gut vorstellbares Wunder und eine für die Einheit unverzichtbare Voraussetzung. Wunder können wir nicht machen, aber wir können dafür beten.

Auf dem Weg der Vorbereitung sollte der Fehler vermieden werden, nur das große Ganze im Blick zu haben, sondern man sollte auch über einen kleinen Anfang nicht enttäuscht sein. Könnten sich nicht zehn Gemeinden zusammenfinden zu einem Verbund, der einen Sprecher wählt? So eine kleine Gruppe würde anderen Mut machen und sie überzeugen beizutreten. Dieselbe Entwicklung sehe ich auch bei den Kirchenvertretern in den Heidenvölkern. Einer ersten Einladung werden nicht alle folgen, aber wenn auch nur wenige kommen, kann daraus eine Bewegung entstehen, die uns Christen mit unseren älteren Brüdern und Schwestern zusammenführt. Wir sollten nicht auf Vollzähligkeit warten und auch nicht Vollkommenheit erwarten. Auch Jesus ist es in drei Jahren nicht gelungen, zwölf erwachsene Männer zum Durchhalten, zur Treue und zum Vorbild-Verhalten zu erziehen und zu formen. So brauchen auch wir uns nicht zu wundern, wenn menschliche Schwächen und liebloses Verhalten immer wieder die Einheit stören.

Am Anfang des Zusammenfindens muss deshalb ein Bußakt stehen, in dem jeder den anderen um Vergebung bittet und selber vergibt. Dann dürfen alle gemeinsam das Geschenk der Vergebung durch das Blut Jesu erflehen, denn sein heiliges Blut ist uns im heiligen Mahl zur Vergebung unserer Sünden gegeben.

Aufgabe der Theologen:
Mahl- und Tischgemeinschaft nach altjüdischer Ordnung sind der Rahmen, in den Jesus seinen Leib und sein Blut in Brot und Wein hineingegeben hat. Die alte Form ist gefüllt und vollendet durch das Selbstopfer des Herrn. Der neue Bund ist gestiftet – wir sind beauftragt, dieses Ereignis als Gedächtnis zu feiern, weil es die Erlassung unserer Sünde beinhaltet und bewirkt. Aus diesem Auftrag haben sich im Laufe der Kirchengeschichte verschiedene Formen und Auffassungen entwickelt – Eucharistie, Abendmahl und Kommunion. Es wird lange dauern, bis jede Tradition und Kirchenlehre erkennt, dass wir aus aller Verschiedenheit zurückfinden müssen zum Ursprung.

Das Stiftungsfest des Herrenmahls am Gründonnerstagabend in Jerusalem muss wiederentdeckt werden. Wer wirklich und ernsthaft die Einheit wünscht und ersehnt, sollte nicht festgefahrene und festgeschriebene Kirchenordnungen verändern, sondern die Gemeinschaft der Jesusgläubigen an dem einen ursprünglichen Passahtisch suchen. Dann kann in den Kirchengemeinschaften Eucharistie, Kommunion und Abendmahl in eigener Form weiter gehalten werden – sozusagen als kircheneigene und interne Mahlgemeinschaft der Konfessionen. Wer aber Einheit auch mit den anders Geprägten sucht, wird es in der Feier des Passahfestes finden, in das Jesus sich selbst hineingegeben hat.

An meinem 83. Geburtstag
A.C.C.

Nachbemerkung:
Die möglicherweise fremd klingenden Begriffe und Formulierungen habe ich der „Konkordanten Wiedergabe" der Heiligen Schrift entnommen (Erschienen bei: Konkordanter Verlag St. Margrethen/ Rheintal, Schweiz, 1958).

Viten

Albrecht Fürst zu Castell-Castell wurde am 13. August 1925 im Schloss Castell als zweites von sechs Kindern geboren. Nach der Schulzeit in Castell und im Landerziehungsheim Schondorf und dem Arbeitsdienst wurde er noch 1943 Soldat. Sein Vater und sein ältester Bruder fielen im Krieg und so musste er schon 19-jährig die Verantwortung für den Casteller Besitz übernehmen. Über 50 Jahre hat er seine unternehmerischen Aufgaben in Land- und Forstwirtschaft, Weinbau und der Fürstlich Castell'schen Bank ausgeübt und die traditionsreichen Unternehmen mit guten und eigenverantwortlich handelnden Mitarbeitern geführt. Das ermöglichte es ihm, sich über das Eigene hinaus in Wirtschaftsverbänden, Politik und Kirche zu engagieren.

1951 heiratete er **Marie-Louise Prinzessin zu Waldeck und Pyrmont.** Marie-Louise wurde am 3. November 1930 als ältestes von vier Kindern in Kiel geboren. Aus der Ehe gingen acht Kinder hervor, von denen sechs heute noch am Leben sind. Marie-Louise versuchte, Albrecht bei seinen vielfältigen Verpflichtungen zu unterstützen, besonders durch die Öffnung des Schlosses für viele unterschiedliche Gruppen und einzelne Gäste. Sie war 30 Jahre lang die Herausgeberin der Casteller Nachrichten.

Seit dem Jahr 2000 wohnt das Fürstenpaar nun im „Schlösschen", einem geräumigen und behaglichen Haus mit schönem Garten. Der jüngste Sohn Ferdinand hat in der Nachfolge seines Vaters den Besitz und die Leitungsverantwortung des Casteller Unternehmens übernommen und trifft kluge und in die Zukunft weisende Entscheidungen. Er wohnt mit seiner Frau Gabrielle und den fünf Kindern im Schloss.

Marie-Sophie Maasburg (geb. Prinzessin Lobkowicz)
wurde 1980 als zweites von sieben Geschwistern in München geboren. 1993 zog die Familie aufgrund der Restitution nach Prag. Dort besuchte sie mit ihren Geschwistern die Deutsche Schule. Die letzten beiden Schuljahre verbrachte sie auf einem Internat in England, das sie mit dem A-Level abschloss. Ein Jahr lang war sie unterwegs und unternahm verschiedene Reisen. Anschließend studierte sie Geschichte in Wien und Salzburg. 2007 schloss sie das Studium mit Diplom ab.

Ihr erstes autobiografisches Werk „Ich werde da sein, wenn du stirbst" ist im März 2008 im Pattloch-Verlag erschienen und hat ein starkes Medienecho hervorgerufen. Seit 2012 ist sie mit Constantin Maasburg verheiratet. Sie hat noch fünf weitere Bücher veröffentlicht und schreibt momentan Kurzgeschichten und Buchbeiträge kleinerer Art, da sie sich entschieden hat, dem wachsenden Familienleben derzeit Vorrang einzuräumen. 2013 ist ihr Sohn Leo geboren und im Januar 2016 ihr Sohn Linus. Das Schreiben bleibt ihr jedoch eine Herzensangelegenheit.

Dr. Guido Baltes, Jahrgang 1968, ist Theologe und Pfarrer im Ehrenamt der Evangelischen Kirche von Kurhessen-Waldeck (EKKW). Nach dem Studium der Theologie in Oberursel und Marburg (1987–1994) und einem Vikariat in Wetzlar (1994–1996) und Jerusalem (1996–1997) arbeitete er zunächst bis 2003 als Hörfunkjournalist beim ERF Wetzlar, dann bis 2015 als Mitarbeiter im Leitungsteam des „Christus-Treff Marburg", einer überkonfessionellen Gemeinschaft von Christen. Von 2003 bis 2009 leitete er zusammen mit seiner Frau Steffi das Johanniter-Hospiz, ein Begegnungszentrum des Christus-Treffs in der Altstadt von Jerusalem. Seit 2009 ist er außerdem Dozent für Neues Testament am mbs Bibelseminar in Marburg.

Anmerkungen

[1] Näheres über die Geschichte des Marburger Kreises: Curt Georgi und Hartwig Thieme: Christsein mit Erfahrung. Die Geschichte des Marburger Kreises, Wuppertal 2001

[2] Ebenda, S. 40

[3] Arthur Richter: Auf der Suche nach Freiheit, Wuppertal 1958 (2. Auflage 1960)

[4] Hartwig Thieme: Arthur Richter. Eine Bildbiographie, Wuppertal, 2003, S. 82

[5] Gerhard Bially, Carola Kieker, Klaus-Dieter Passon: Ich will dich segnen – Einblicke in den charismatischen Aufbruch der letzten Jahrzehnte, Düsseldorf 1999, S. 18

[6] Arnold Bittlinger: Die Bedeutung der Gnadengaben für die Gemeinde Jesu Christi, Marburg 1964 (2. Auflage 1971)

[7] Vgl. Initiativkreis katholischer Laien und Priester in der Diözese Augsburg e.V. (Hrsg.), Informationen aus Kirche und Welt, Nr. 4 / 2003, S. 3

[8] www.craheim.de

[9] www.jesus-bruderschaft.de

[10] www.kloster-volkenroda.de

[11] www.jesus-bruderschaft-hennersdorf.de

[12] www.missionswerk.co.at ist die Internetseite Maria Preans und ihrer Werke. Sie hat auch eine Biografie veröffentlicht: Maria Luise Prean-Bruni, Constanze Nolting: Gott spielt in meinem Leben keine Rolle – er ist der Regisseur, Wuppertal 2006

[13] www.vision-fuer-afrika.com oder www.visionforafrica-intl.org

[14] www.afrikamissionare.de

[15] Bericht von Benjamin Berger über die Gebets- und Fasten-woche in Auschwitz vom 22. April bis 2. Mai 1995 (unver-öffentl. Manuskript)

[16] www.yad-vashem.de

[17] www.eagleswings.to

[18] Sehr gut nachvollziehbar in dem Buch: Ben Hoekendijk: So fanden wir den Messias – Wie Gott heute unter Juden wirkt, Neuhausen-Stuttgart 1994 (2. Auflage 1995)

[19] Kontakt zur Initiative TOWARDS JERUSALEM COUN-CIL TWO (TJCII) erhalten Sie über Hubertus Benecke und Pfr. Hans Scholz, Vorstand TJCII – Deutschland, tjciide@gmail.de oder www.tjcii.org

Mehr aus dem Hause Castell

Marie-Louise Fürstin
zu Castell-Castell
Vergebung, Versöhnung, Heilung
*Mein Schlüssel zu einem
gelingenden Leben*
ISBN 978-3-86827-440-0
112 Seiten, gebunden

Marie-Louise Fürstin zu Castell-Castell gibt in diesem Buch einen Einblick in das, was ihr Leben prägt: Den Glauben an Jesus Christus, der uns Vergebung und Versöhnung ermöglicht – mit uns selbst, mit den Mitmenschen und mit Gott. Nur ein Leben, das von Vergebungsbereitschaft geprägt ist, kann gelingen, Segen empfangen und Segen weiterschenken – davon ist die Autorin überzeugt. In ihrem Buch berichtet sie über ganz persönliche Erfahrungen mit der heilsamen Liebe Gottes, mit Vergebung und Neuanfang. Sie gibt tiefe geistliche Einsichten weiter, die sie während vieler gesegneter, aber auch umkämpfter Jahre gesammelt hat.

Wie können Beziehungen innerhalb der Familie gelingen? Wie gehe ich mit Leid und Trauer um? Was ist der Weg zu einem gesunden Selbstbild? Wie kann ich mich mit der Endlichkeit meines Lebens aussöhnen? Bei diesen und anderen elementaren Fragen haben Vergebung und Versöhnung eine Schlüsselfunktion inne, die es ganz neu zu entdecken gilt.

Mehr von Guido Baltes

Guido Baltes
**Jesus, der Jude, und die
Missverständnisse der Christen**
ISBN 978-3-86827-414-1
288 Seiten, gebunden

Dass Jesus ein Jude war, ist heute für jeden Christen selbstverständlich. Aber das war nicht immer so: Unser Bild des Judentums ist oft noch immer durch Unkenntnis oder Vorurteile
der Vergangenheit getrübt. Dieses Buch baut eine Brücke, aus
der Welt des modernen westlichen Christentums hinein in die
Welt des Judentums zur Zeit Jesu. Es hilft, Jesus nicht nur
durch die Brille unserer vertrauten christlichen Überzeugungen, sondern auch durch die Brille seiner jüdischen Zeitgenos-
sen zu sehen.
Der Autor Guido Baltes hat in Jerusalem gelebt und gearbeitet. Aus den Erfahrungen seiner zahlreichen Gespräche mit
Christen und Juden und aus der Begegnung mit dem Land
der Bibel wirft er ein neues Licht auf vertraute Texte des Neu-
en Testaments. Er möchte dazu beitragen, dass die Begegnung
mit Jesus nicht zu einer Abgrenzung vom Judentum führt,
sondern zu einer tieferen Verwurzelung im jüdischen Denken
und Glauben.

Guido Baltes
Mehr als nur ein Lied
Lobpreis und Anbetung
in der Gemeinde
ISBN 978-3-86827-476-9
284 Seiten, gebunden

„Anbetung ist ein Weg unseres Herzens zu Gott und Gottes Weg zu unseren Herzen" – so formulierten es bereits die Kirchenväter. Lobpreis und Anbetung sind heute für viele Gemeinden ein wichtiger Teil ihres Gottesdienstes. Aber es gibt auch viel Unsicherheit: Wie müssen sich unsere Gottesdienste verändern, damit mehr Raum ist für eine Begegnung mit Gott? Wie gelingt ein gutes Miteinander der Generationen und Musikstile? Welche Aufgabe hat eigentlich ein Anbetungsleiter? Und wie wird aus unseren Liedern mehr als nur ein Lied?

Ein Buch für Gemeinden, die auf der Suche sind nach neuen Wegen, Gott anzubeten. Aber auch für Skeptiker, die wissen wollen, ob wirklich mehr dahintersteckt als nur ein paar neue Lieder. Und ein Buch für Anbetungsleiter, die Menschen mitnehmen möchten auf diesem Weg zu Gottes Herz.

Weitere Biografien bei FRANCKE

Debora Sommer
Juliane von Krüdener
Eine Baronin missioniert Europa
ISBN 978-3-86827-468-4
400 Seiten, gebunden

Die hochgebildete, deutschbaltische Botschaftergattin Juliane von Krüdener (1764–1824) versetzte mit ihrem missionarischen Wirken halb Europa in Aufruhr: Durch ihre Botschaft, ihren Einfluss auf die europäische Politik als Vertraute von Zar Alexander I. sowie als Sozialreformerin von West- bis Osteuropa.

Tauchen Sie ein in die Zeit der französischen Revolution. Entdecken Sie die vergessene Geschichte einer einflussreichen Schriftstellerin und Salondame, die die vorherrschenden Schranken durchbrach und im Auftrag Gottes mutige Wege beschritt.

Anhand neuester Forschungsergebnisse dokumentiert diese Biografie das Leben einer faszinierenden Zeitgenossin von Napoleon, Goethe und Pestalozzi, die durch einen Herrnhuter zum lebendigen Glauben an Jesus Christus fand, und gibt ihr zum 250. Geburtstag ihren Platz in der Geschichte zurück.

Andreas Baumann
Teresa von Avila
Wachsen in der Freundschaft
mit Gott
ISBN 978-3-86827-492-9
160 Seiten, gebunden

Der evangelische Autor Andreas Baumann zeigt anhand des Lebens und der Schriften der spanischen Karmelitin, Ordensgründerin und Kirchenlehrerin Teresa von Avila, wie wir in unserer Freundschaft zu Gott wachsen können. So geht es um Fragen wie:

- Kann ich Gott nahekommen?
- Wie lerne ich beten?
- Wie kann ich an Gott festhalten, auch wenn ich ihn nicht spüre?
- Ist es möglich, Gott im Alltag erleben?
- Wie kann meine Liebe zu Gott wachsen?

Ergänzt werden die einzelnen Themen durch biblische Bezugsstellen. Ein Gebet am Ende jedes Kapitels regt dazu an, das Gelesene vor Gott zu bewegen. Ein für das eigene Leben und den Glauben wertvolles Buch.
Mit einem Vorwort von Pater Dr. Reinhard Körner, Rektor des Exerzitienhauses und Prior des Karmelitenklosters Birkenwerder bei Berlin.

Elisabeth Stiefel
Sie waren Sand im Getriebe
Frauen im Widerstand
ISBN 978-3-86827-493-6
128 Seiten, gebunden

Dieses Buch porträtiert bekannte und weniger bekannte Frauen des Widerstandes gegen das Nazi-Regime. Faszinierende Frauen, die es wagten, während der Nazidiktatur kritische Fragen zu stellen. Frauen, die sich mutig für die Rechte verfolgter Minderheiten einsetzten. Aber auch „stille Heldinnen", die im Verborgenen wirkten und jüdische Mitbürger unter Einsatz ihres eigenen Lebens versteckten. Neben der Philosophin Edith Stein und der Widerstandskämpferin Corrie ten Boom porträtiert Elisabeth Stiefel die Lehrerin Elisabeth von Thadden, die Juden bei der Flucht ins Ausland half. Die Theologin Katharina Staritz setzte sich für jüdische Christen ein. Pfarrfrauen wie Elisabeth Goes, Gertrud Mörike und Johanna Stöffler nahmen in ihren Häusern Juden und andere Verfolgte auf. Gemeinsam war ihnen allen die Verankerung im christlichen Glauben, die ihr mutiges Handeln erst ermöglichte.

Daisy von Arnim,
Kathrin Schultheis
Die Apfelgräfin
ISBN 978-3-86827-151-5
144 Seiten, gebunden

„Die Wende war auch eine Wende in meinem Leben. ‚Jetzt ist alles möglich‘, schoss es mir durch den Kopf, als ich kurz nach dem Mauerfall erstmals ungehindert die innerdeutsche Grenze passierte. Dass dieses ‚alles‘ aber beinhalten könnte, dass aus mir einmal ‚Die Apfelgräfin der Uckermark‘ würde, hätte ich mir niemals träumen lassen.“

Humorvoll, offenherzig und liebevoll erzählt Daisy Gräfin von Arnim von ihrem Neuanfang in der Uckermark. 1995 zog sie mit ihrem Mann Michael nach Lichtenhain und baute sich dort ein neues Leben auf. Mittlerweile führt sie ein kleines Apfelunternehmen und beschäftigt mehrere Mitarbeiter. In amüsanten, aber auch nachdenklichen Anekdoten gewährt sie Einblicke in ihren Alltag und lässt lebendig werden, wie aus ihr „Die Apfelgräfin“ wurde.

Daisy von Arnim
Wunder in meinem Leben
ISBN 978-3-86827-525-4
142 Seiten, gebunden

Daisy von Arnim ist davon überzeugt: Gott ist im Alltag erlebbar! Schon oft durfte sie in ihrem Leben die Erfahrung machen, dass Gott da war.

In ihrem neuesten Buch erzählt sie von den großen und kleinen Wundern in ihrem Leben. Von Momenten der Bewahrung, der Fürsorge, der liebevollen Zuwendung. Von Alltagswundern, durch die Gott seit ihrer Kindheit immer wieder aufs Neue sein „Ich bin da" in ihr Leben hineingesprochen hat. Damit möchte die Apfelgräfin ihre Leser ermutigen, die Augen zu öffnen für die Segensspuren, die Gott in ihrem eigenen Leben hinterlassen hat.